Jakob Augstein
Nikolaus Blome

Links oder rechts?

Antworten auf die Fragen der Deutschen

 PENGUIN VERLAG

Verlagsgruppe Random House FSC® N001967

PENGUIN und das Penguin Logo sind Markenzeichen
von Penguin Books Limited und werden
hier unter Lizenz benutzt.

2. Auflage
Copyright © 2016 Penguin Verlag, München,
in der Verlagsgruppe Random House GmbH,
Neumarkter Str. 28, 81673 München
Umschlag: any.way, Walter Hellmann
Umschlagmotiv: Fotolia
Satz: Ditta Ahmadi, Berlin
Druck und Bindung: CPI books GmbH, Leck
Printed in Germany
ISBN 978-3-328-10075-1
www.penguin-verlag.de

Dieses Buch ist auch als E-Book erhältlich.

Inhalt

HEIMAT

WIR

DIE

Jakob Augstein

Ich brauche nur noch ein bisschen Zeit, dann mache ich aus Blome einen echten Herzenslinken. Das wird ein Coming-out!

Nikolaus Blome

Man muss das Ganze als Erziehungsprojekt verstehen. Am Ende kann auch ein linker Träumer wie Augstein in die politische Realität ausgewildert werden. Es wird aber noch dauern, fürchte ich.

Einleitung

Die Idee kam nicht von uns. Es war eine Fernsehidee. Erst mal sucht man sich zwei Typen, die möglichst verschieden sind. Dick und Doof. Tom und Jerry. Don Camillo und Peppone. Hauser und Kienzle. Augstein und Blome. Man packt sie in einen Raum, wirft ihnen ein Thema vor und schaltet die Kamera an. Und dann wartet man ab, was passiert. Offenbar passiert eine Menge! Wir machen die Sendung auf Phoenix, dem Nachrichten- und Dokumentationskanal von ARD und ZDF, seit Anfang 2011. Seitdem stand Blome in Badehose da und Augstein im Wikingerkostüm, es wurde Gurkenpüree serviert und Isländischer Schnaps getrunken, Perücken und Bärte in allen Formen und Farben wurden ausprobiert, wir haben Sirtaki getanzt und Shanties gesungen (vor allem Augstein), und wir haben gestritten. Denn darum geht es ja: um den Streit, die Debatte, die Diskussion.

Mit dem Streit ist es eine sonderbare Sache: Wenn man sich zu nahe ist, kann man nicht streiten – wenn man zu weit entfernt ist, auch nicht. Für die Gesellschaft bedeutet das: Gibt es zu wenig Streit, schläft die Demokratie ein. Gibt es zu viel, zerreißt sie. Wir leben in bewegten Zeiten, die Politik ist zurück, jeder kann es spüren. Es mangelt nicht an Streit: sei es über die richtige Balance zwischen Offenheit, Vielfalt und Fremdem, sei es über die europäische Währung, über die gerechte Gesellschaft oder die neue Rolle Deutschlands in einer kaum noch durchschaubaren Welt voller Krisen. Aber immer öfter wird dieser Streit in unversöhnlichem Ton ausgetragen, mit kaum verhohlener Wut auf den anderen – ob Politiker, Journalist oder einfach nur Nachbar. Immer öfter wird der Streit zum Hass.

Wirtschaftlich geht es Deutschland so anhaltend gut wie ganz lange nicht. Geistig geht es ihm zusehends schlechter. Es gibt einen neuen rechten Populismus, der simple Gedanken in enthemmte Sprache kleidet – und jetzt auch damit durchdringt. Es gibt eine Radikalisierung der bürgerlichen Gesellschaft. In ihren Denksilos, in ihren Internet-Foren, ihren Verschwörungsmagazinen oder auf ihren öffentlichen Märschen gegen das verhasste »System« stacheln sich die Verächter der Demokratie und der offenen Gesellschaft gegenseitig auf.

Unter der Wucht des Angriffs rücken die anderen, die sogenannten etablierten Parteien, näher zusammen. Was zunächst aussieht wie die Antwort der Demokraten, ist in Wahrheit: das Problem. Der Politikwissenschaftler Herfried Münkler spricht von einer »politischen Horizontverengung«. Gerade die großen Parteien werden sich immer ähnlicher – und stärken die Radikalen, deren Narrativ ja heißt: David gegen Goliath, wir gegen »das System«. Wenn eine Koalition aus Grünen, CDU und SPD – wie in Sachsen-Anhalt – notwendig ist, um die rechtspopulistische AfD von der Regierung fernzuhalten, geben diese Parteien gleichzeitig ihre Unterscheidbarkeit auf. Sie versäumen es, dem Wähler eine echte politische Alternative anzubieten. Dabei wäre politische Polarisierung das beste Mittel gegen politische Radikalisierung. Vielleicht ist das ein schmaler

Grat, aber für eine liberale Gesellschaft bedeutet er den Unterschied zwischen guter und schlechter Zukunft. Diese Polarisierung fasst sich in zwei Wörter: links und rechts.

Links, rechts – das schien ein überwundener oder überkommener Gegensatz. Als wäre mit dem Fall der Mauer seinerzeit nicht nur im Geostrategischen, sondern auch im Politischen die Geschichte an ihr Ende gelangt. Aber heute wird dieses Muster wieder gebraucht.

Links gegen rechts. Steht da visionär gegen spießig? Oder versponnen gegen pragmatisch? Wenn dieser Streit um die Demokratie mit Kraft, Witz und Respekt neu ausgefochten wird, ist er ein Schutz gegen die Populisten von rechts und links. Dieses Buch will einen Beitrag dazu leisten. Links oder rechts: Es werden die Lager sein, die das Land zusammenhalten.

Fernsehen kann man nicht drucken. Fernsehen sollte man auch nicht kopieren, selbst wenn wir mit der Sendung schon für den Grimme-Preis nominiert waren. Also sind die Gespräche über Geld, Macht, Moral, über Heimat und die weite Welt, für die sich Augstein und Blome mehrere Wochen lang jeweils in den frühen Morgenstunden im Charlottenburger Restaurant Manzini trafen (danke für den Tisch in der Ecke!), anders gefasst, schärfer konturiert, ausführlicher argumentiert als bei den ungeschnittenen Phoenix-Aufzeichnungen unter dem unnachahmlichen Tutorium von Martin Priess.

Hin und wieder werden wir gefragt, ob wir nach so vielen Stunden des gemeinsamen Debattierens nicht längst ein Herz und eine Seele seien, der Streit also in Wahrheit nur eine TV-gerechte Inszenierung. Die ehrliche Antwort lautet: Nein. Das wechselseitige Sie, mit dem wir uns im Jahr 2011 erstmals begegnet sind, haben wir beibehalten. So lässt sich besser streiten.

Wir meinen ernst, was wir schreiben und sagen. Und das schon viel länger, als wir uns nun kennen.

Bei Blome hat das auch mit seinen Eltern zu tun. Mit seinem Vater, der Ludwig Erhard gut kannte. Mit seiner Mutter, heute fast 90, die ihm Bücher von Arthur Koestler zu lesen gab. Blome sagt: »Im Rückblick sieht das sogar aus wie ein Plan der beiden. Erhard war ein Optimist, der das System verändert hat, weil er an die einzelnen Menschen glaubte. Arthur Koestler war ein Pessimist, der wie ein Reporter aufgeschrieben hat, was mit dem einzelnen Menschen geschieht, wenn er für das System nicht zählt. Ich habe wirklich einiges gelesen von Koestler; *Sonnenfinsternis* ist das beste Buch aller Zeiten. Im guten Sinne ›rechts‹ bedeutet für mich, sich gerade vom Denken dieser beiden, Erhard und Koestler, leiten zu lassen.«

Blome war auch zwei Jahre bei der Bundeswehr. Nicht als kerniger Reserveleutnant-Anwärter (ROA) wie seine beiden Brüder; Blome war bei der NATO. Er wäre um ein Haar auf einem Posten in einem Atombomben-Bunker in Birkenfeld im Hunsrück gelandet, in letzter Minute fand sich aber noch ein Platz als Obergefreiter in SHAPE, dem NATO-Hauptquartier in Mons, südlich von Brüssel. Blome sagt: »Da verdiente man doppelt so viel Geld wie als ROA im Heideschlamm, fuhr ein Auto mit rot-weißem Diplomatenkennzeichen und lernte dauernd Leute aus anderen Ländern kennen. Brüssel war herrlich. Das Gewirr der Sprachen, das Essen, das lässig Chaotische, ganz Europa in einer in Wahrheit ziemlich kleinen Stadt. Mein Ehrgeiz als junger Journalist war, dort einmal Korrespondent zu sein, Korrespondent für NATO und EU. Das habe ich geschafft, zwei Mal sogar, und zwei Mal zu kurz. Es waren wunderbare Jahre, so vielfältig im Job, so glücklich zum Leben. Darum hat mich der Brexit viel mehr angefasst, sehr persönlich, als Angela Merkel oder eine Bundestagswahl es je könnten.

Und Sie, Augstein?«

»Wenn Blome persönlich wird, muss ich wohl auch. Bei Blome ist also Ludwig Erhard Schuld und seine Mutter und Arthur Koestler und vielleicht der Papst. Bei mir war es vor allem Franz Josef Strauß. Der wollte 1980 unbedingt Bundeskanzler werden. Ich war damals 13 Jahre alt. Radikaler ist man nie. Der Bayer hatte seine Rechnung ohne mich gemacht. ›Stoppt Strauß!‹ war ein klarer Auftrag Der Aufkleber kam auf meinen Schulranzen direkt neben ›Atomkraft? Nein danke!‹. Von meinem Kinderzimmer in Hamburg-Othmarschen aus betrachtet, war der schwere schimpfende und schwitzende Bayer tatsächlich ungefähr so gefährlich wie ein Kernkraftwerk. Es dauerte danach noch mal 13 Jahre, bis ich selber mal ein paar leibhaftigen CSU-Politikern gegenüberstand. Das war während meines Volontariats bei der Süddeutschen Zeitung in München. Ich war platt: durchaus nicht nur fiese Finsterlinge, obwohl es die schon auch gab. Nein, es waren sogar ein paar wirklich lustige Zeitgenossen darunter. Und wir waren nicht mal dauernd verschiedener Meinung. Nur über Ausländer durfte man mit ihnen nicht reden. Da hörte der Spaß nämlich auf. Und über Homosexuelle. Und über Frauen. Aber am allerschlimmsten war immer das Thema Gerechtigkeit. Wenn sich das überhaupt ergab. Da kamen wir dann nicht mehr zusammen.

Es gibt ja Leute, die kommen besser mit der Ungerechtigkeit zurecht als andere. Jede Gesellschaft ist geronnene Ungerechtigkeit. In seinem Roman *Seelenarbeit* erzählt der Schriftsteller Martin Walser vom Chauffeur Xaver Zürn. Der leidet wie ein Hund darunter, dass er nachts an seinen Chef denkt und weiß, der denkt nicht an ihn. Damit ist das Unausgleichbare beschrieben. Man kann das allgemeiner formulieren: Die Beschäftigten fürchten die Entscheidungen ihrer Vorgesetzten – aber die Vorgesetzten fürchten nicht die Entscheidungen der Beschäftigten. Das ist die Definition von Abhängigkeit. Wenn man mich fragt, sage ich: ›Links‹ bedeutet für mich, dieses Missverhältnis als Ausgangspunkt aller Politik zu sehen.«

Jakob Augstein und *Nikolaus Blome*,
im Spätsommer 2016

MACHT

Ist Angela Merkel eine gute Kanzlerin?

B Angela Merkel hat Deutschland gerettet ... Jetzt kommen Sie.

A War Deutschland denn in Gefahr?

B Haben Sie die letzten Jahre auf Ihrer Yacht bei den Inseln hinter dem Winde verbracht? Seit 2008 ist Krise. Erst gingen die US-Banken und die europäische Finanzwirtschaft in die Knie, dann brach die deutsche Volkswirtschaft so schwer ein wie noch nie seit dem Zweiten Weltkrieg. Dann wäre der Euro fast auseinandergefallen, die Russen haben mitten in Europa Staatsgrenzen verschoben und den Kalten Krieg wieder angefangen. Schließlich kam 2015 die große Flüchtlingswelle nach Europa, mehr als eine Million Menschen kamen nach Deutschland. Ich würde sagen: Ja, Deutschland war in Gefahr und ist es noch.

A Interessant. Und Angela Merkel hat diese ganzen Probleme nicht nur gelöst – sondern auch noch alleine gelöst. Im Ernst: Ist es nicht geradezu die Aufgabe des Kanzlers, das Land zu retten, und zwar jeden Tag? Aber lassen Sie uns doch Merkels Kanzlerschaft mal zum Anlass für die Frage nehmen, welchen Einfluss der – oder die – Einzelne in der Politik heute hat. Was wäre anders gewesen, wenn nicht Merkel Kanzlerin gewesen wäre?

B Das ist kontrafaktisch. Anstatt zu überlegen, was gewesen wäre, wenn etwas nicht gewesen wäre, lassen Sie uns doch das anschauen, was ist.

A Sage, was ist – gerne. Europa ist heute in deutlich schlechterem Zustand als zu Beginn von Merkels Amtszeit. Der Euro kriselt seit Jahren. England hat für den Brexit gestimmt. Die Franzosen und Holländer sind unruhig. Österreich schrammt an der Rechtsregierung entlang. Das ist die Lage nach vielen Jahren Merkel. Sie hinterlässt einen europäischen Scherbenhaufen. Denn das größte Land trägt auch die größte Verantwortung! Nebenbei haben wir aber auch das größte Interesse an einer funktionierenden Europäischen Union. Deutschland ist zu klein, um den Kontinent alleine zu dominieren, und zu groß, um hinter irgendeiner Eiche in Deckung zu gehen. Für uns ist die europäische Frage in einer Art und Weise existenziell wie sie es für unsere Nachbarn nicht ist. Wenn man das voraussetzt, dann hat Merkel Deutschland nicht nur nicht gerettet – sondern beschädigt.

> Kohl und Merkel sind sich viel ähnlicher, als man meint.

B Das ist schon wieder kontrafaktisch. In der Eurokrise hat Deutschland Europa zusammengehalten. Es gab heftigen europäisch-innenpolitischen Streit um den richtigen Weg, aber ohne die deutsche Wirtschaftskraft und die deutsche Bonität an den internationalen Finanzmärkten hätten die Schuldenländer nicht gerettet werden können. Man kann die Wirtschafts- und Finanzpolitik für falsch halten – ich finde sie richtig –, aber man kann nicht bestreiten, dass Deutschland unter Angela Merkel Verantwortung gezeigt hat. Das hätte Helmut Kohl nicht anders gemacht. Die beiden sind sich viel ähnlicher, als man meint.

A Kohl war ein Kanzler mit klaren Überzeugungen. Merkels Überzeugungen musste man jahrelang mit der

Lupe suchen. Ich bin nicht sicher, ob wir inzwischen fündig wurden. Wofür steht denn diese Kanzlerin? Was kümmert sie, was bekümmert sie? Sie war von Anfang an die große Unbekannte. Es gab vielleicht nur einen Moment in dieser Kanzlerschaft, in dem sie sich ins Herz hat blicken lassen ... und das war die Rede, mit der sie sich im amerikanischen Kongress für die Freiheitsmedaille bedankt hat. Da war sie echt gerührt.

B Bei der Washingtoner Rede war ich dabei. Es war eine hoch politische und zugleich ganz verträumte Rede über Wert und Wunder der Freiheit. Über ihr eigenes Leben, über das »Alles ist möglich«. Ich habe mich gefragt: Ist das eine Rede, die man nur hier, in Amerika, halten kann? Oder ist sie eine Person, die nur in Amerika so reden kann? Ich glaube, Letzteres.

A Amerika, Freiheit – da wird die Kanzlerin plötzlich ziemlich ostdeutsch. Sie gehört zu jenen Ostdeutschen, für die das Ende der DDR gleichbedeutend mit Freiheit ist. Darum fehlen Merkel und auch Joachim Gauck jedes Verständnis für moderne Formen von Unfreiheit. Datenschutz, Spionage der Amerikaner, das Schicksal von Edward Snowden oder Julian Assange – das ist diesen Politikern alles herzlich gleichgültig, weil es nicht in ihr Muster von Unterdrückung passt. Aber auf dem Capitol Hill erwärmt sich selbst das Herz einer so nüchternen Brandenburgerin wie Merkel. Daheim in Deutschland kennen wir die Kanzlerin nur als oberste Sachbearbeiterin der Republik: fleißig, kontrolliert strebsam.

B Ich erzähle Ihnen noch eine Geschichte, Angela Merkel kann nämlich doch Pathos. Sie hat im Jahr 2010 einmal eine Rede zu Afghanistan im Bundestag so eröffnet: Sie hat die Namen von sieben gerade gefallenen deutschen Soldaten verlesen und dann gesagt: »Wir können von den Soldaten nicht Tapferkeit verlangen, wenn uns selbst der Mut fehlt, uns zu dem zu bekennen, was wir hier beschließen.« Da war es vollkommen still im Saal, ernsthaft. Trotzdem stimmt, Pathos und Charisma sagen ihr im Grunde nicht viel. Sie haben »Sachbearbeiterin« und die Adjektive fleißig, strebsam etc. eben als Spott gemeint, das ist interessant. Sie glauben, Angela Merkel würde es nicht gerne haben, so beschrieben zu werden, aber sie würde sehr wohl. Auf ein gelöstes Problem ist sie stolzer, scheint mir, als auf eine gute Rede im Bundestag. Sie kann Krise besser als Kunst. Das geht den meisten Deutschen genauso. Überhaupt sind Merkel und die Deutschen einander im Laufe der Zeit immer ähnlicher geworden. »Sie kennen mich«, der eine Satz am Ende des TV-Duells mit Peer Steinbrück im 2013er Wahlkampf, das war Angela Merkel pur. Ihre Erfolgsgarantie.

A Dass die Deutschen und Merkel sich ähnlich geworden sind, ist für beide kein Kompliment – aber wahrscheinlich eine zutreffende Beobachtung. Merkel ist eine Opportunistin der Macht. Sie haben gesagt, Merkel und Kohl seien sich ähnlich. Ist das so? Der Historiker Hans-Peter Schwarz hat über Helmut Kohl geschrieben: »Er gehört zu den großen Willensmenschen.« Das trifft sicher auch auf Angela Merkel zu. Man bleibt nicht zufällig so lange Kanzlerin. Aber was ist damit gesagt? Es kommt darauf an, worauf sich der Wille richtet. Bei Kohl war es die Einheit Europas. Bei Merkel ist es das Amt. Mehr nicht. Für welche Überzeugungen ein Politiker steht, zeigt sich in den Momenten, in denen der Einzelne einen Unterschied machen kann. Wenn es auf Gestaltung ankommt, nicht nur auf Verwaltung. Welche Momente in der Ära Merkel waren das? Wann hat sie etwas getan, das ihr wirklich eigen gewesen wäre? Nicht einmal von jenen zwei Wochenenden im September 2015 lässt sich das sagen, als Merkel die Grenze für die Flüchtlinge öffnete. Gerhard Schröder hatte recht, als er sagte, kein Kanzler hätte in dieser Situation eine andere Entscheidung treffen können.

B Ja, die Flüchtlingswochen im September 2015. Der Auftritt der »neuen Angela Merkel«, der deutschen Mutter Moral. Aber das war eine Erfindung der Linken, die sich damals irgendwie selbst erklären mussten, warum auch sie Merkel plötzlich gut finden durften. Es gab für Merkel noch andere entscheidende Momente, *defining moments*, wie es heißt: der Nachmittag im August 2008, als sie die Sparguthaben aller Deutschen staatlich garantiert, einfach so, ohne jede Abdeckung durch den Bundestag – aber in der Not eines möglicherweise bevorstehenden Bankruns. Oder die beiden Sommer 2012 und 2015, als sie zwei Mal die Griechen im Euro hielt. Sie wollte nicht, dass mit ihr als Kanzlerin Deutschland den Euro und Europa aufs Spiel setzt. Das ist eine tief verankerte Überzeugung, mit der sie übrigens immer wieder einmal erpresst wird in der EU. Trotzdem ist mir so eine Betrachtung zu sehr Hollywood, zu sehr High Noon oder der Held, der mit noch drei Sekunden auf dem Zeitzünder das blaue und nicht das rote Kabel durchschneidet und alle rettet. Wenn wir nach den Überzeugungen der Kanzlerin fragen, dann findet sich die Antwort in all den Themen und Phasen, wo sie anhaltend gegen eine Umfragemehrheit regiert hat. Und diese Liste ist lang, anders als viele Kritiker sagen: von Afghanistan-Einsatz, Rente mit 67, Eurorettung, bis Putinkritik, Russlandsanktionen und Flüchtlingspolitik.

A In Deutschland wird Außenpolitik oft genug gegen das Volk gemacht. Die Leute wollten weder den NATO-Doppelbeschluss noch den Einsatz in Afghanistan, bekommen haben sie beides. Ich glaube, für fast alle politischen Entscheidungen dieser Kanzlerin gilt die These, die Brecht über Ibsens Theater aufgestellt hat: »Es ist nicht mehr der Mensch, der handelt, sondern das Milieu. Der Mensch reagiert nur.« Natürlich gilt das nicht nur für Merkel. Aber andere Machtpolitiker hatten neben einer gesunden Portion Opportunismus noch Überzeugungen. Strauß, Kohl, Brandt, Schmidt, Schröder, Fischer: Da gab es Projekte, Visionen, Hoffnungen. Sie erstrebten irgendetwas oder sie bekämpften irgendetwas. Merkel bekämpft niemanden, weil man sich damit nur noch mehr Feinde schafft. Und sie will nichts, weil jedes Wollen auch Verzicht bedeutet. Sie selbst haben in Ihrem Merkel-Buch geschrieben: »Der rote Faden von Angela Merkels Regieren ist – das Regieren.«

B Wenn Sie einem Politiker vorhalten, dass er (wieder-) gewählt werden will, können Sie genauso gut einem Mittelstürmer vorwerfen, dass er Tore schießen will. Das ist doch widersinnig. Die Frage muss anders lauten: Hat die Bundeskanzlerin schon einmal etwas Richtiges unterlassen oder Falsches getan, nur um ihre

Macht zu retten? Dann wäre zumindest im Ansatz jene Machtversessenheit bewiesen, die den eigenen Verbleib im Amt nicht mit dem Wohl des Landes verbindet, sondern das eine über das andere stellt.

A Aber das Kanzleramt ist doch kein Seminar zur Selbstverwirklichung. Macht ist nicht Zweck der Politik, sondern ihr Mittel. Der Moment ihres Versagens war der Höhepunkt der europäischen Krise. Da hat die Kanzlerin darauf verzichtet, den Integrationsschritt zu machen, der Europa gerettet hätte. Sie hätte das deutsche Gewicht und auch das deutsche Geld dafür nutzen müssen, die Währungsunion zu vervollständigen, den Schritt in Richtung politische Union zu gehen, den Kohl und Mitterrand nicht gegangen sind. Sie hat es nicht einmal versucht. Warum? Weil ihr entweder die schöpferische Kraft fehlt. Oder weil Europa ihr egal ist.

B Das ist ein Denkfehler. Sie finden etwas falsch, nämlich das Unterlassen des nächsten Integrationsschrittes, das ist Ihre Prämisse. Und Sie schließen aus Ihrer Prämisse, dass Merkel dieses Falsche nur getan haben kann, weil sie ihre Macht ja eh immer nur absichern will. Was aber, wenn Ihre Prämisse falsch ist. Es ist meines Erachtens nämlich kein Fehler, den Integrationsschritt nicht zu gehen, wenn man vorher weiß, dass er scheitern würde. Die Europäische Union wird für lange Zeit mit der Vertragslage zurechtkommen müssen, die sie heute hat. Für eine neue Verfassung gibt es keine Mehrheit in den Mitgliedstaaten, der erste Versuch ist vor mehr als einem Jahrzehnt schiefgegangen. Angela Merkel hat einen sehr uneitlen Angang zu ihrer Macht, sie hat einmal gesagt: »Ich kann sagen: Das will ich nicht. Aber ich kann nicht sagen: Das will ich.« In derart komplexen politischen Systemen wie dem deutschen oder dem europäischen ist die Macht selbst des Mächtigsten nur noch mittelbar einsetzbar. Selbst die famose »Richtlinien-Kompetenz des Kanzlers« reicht nur so weit, wie der Koalitionspartner es zulässt.

A Nun sind Sie es, der die Kanzlerin kleiner macht, als sie ist. Ich glaube, dass der Mensch ein Getriebener der Geschichte ist. Aber wenn ein Politiker keinen über die Macht hinausgehenden Willen hat, kann er nicht einmal die schmalen Momente nutzen, die das Schicksal ihm für echten Einfluss bietet. Wenn Angela Merkel in den 90er Jahren Kanzlerin gewesen wäre, dann gäbe es den Euro vermutlich gar nicht. Weil ihr der notwendige Wille gefehlt hätte. Die Dinge haben die innere Eigenschaft, sich aufzulösen. Wer immer nur verwaltet, stellt dieser Auflösung nichts entgegen. Wenn Sie den Vergleich mit Kohl wollen, kann man sagen, Kohl war der Kanzler der Einheit, der deutschen und der europäischen. Merkel ist die Kanzlerin der Spaltung.

B Ich will jetzt nicht mit Zahlen, Statistiken oder meinem Taschenrechner kommen. Nehmen wir einfach die drei zentralen Sätze aus bald zwölf Jahren Amtszeit der Kanzlerin: 2008/09 in der Finanz- und Wirtschaftskrise sagte sie, Deutschland werde »stärker aus der Krise herauskommen als es hineingegangen ist«. Da hat sie Wort gehalten. In der Eurokrise ab 2010 war es dasselbe Versprechen: Der Euro solle nach der Krise stärker sein als vorher. Davon ist, regulatorisch wie politisch, immerhin mehr geglückt als misslungen. Für die Flüchtlingskrise 2015 schließlich steht der

Satz: »Wir schaffen das!«. Das ist noch nicht ausgemacht, aber glauben Sie im Ernst, wir schaffen das nicht und Deutschland geht unter? Ein Volk von 80 Millionen Menschen und bald drei Billionen Euro Wirtschaftsleistung im Jahr? Wenn Sie gegen Merkels Satz ernsthaft antreten, stehen Sie automatisch in einer Reihe mit Pegida und den sieben Alu-Hüten. Der Letzte, der in einem ganz wichtigen deutschen Moment sagte: »Wir schaffen das nicht«, das war Oskar Lafontaine 1990. Und dann verlor er gegen Helmut Kohl, der für seine »blühenden Landschaften« so heftig kritisiert wurde.

A Ja, einerseits ist der Satz: »Wir schaffen das!« genial. Er ist nicht zu widerlegen – andererseits hat er auch Merkels erste und dafür um so größere Schwäche entblößt: Denn die Leute wenden sich von ihr und dem Satz ab und sagen: Wir wollen das gar nicht schaffen.

B Da haben Sie allerdings recht. Merkel ist den Deutschen ein Stück zu weit voraus. Paradoxerweise ist sie aber nicht enteilt, weil sie plötzlich visionär geworden wäre oder die Re-Inkarnation von Martin Luther. Merkel bleibt Merkel. Sie ist pragmatisch wie immer schon, hat aber früher als andere erkannt, dass eine Million Flüchtlinge die nächste Stufe einer umfassenden Globalisierung sind. Deutschland kann sich aus dieser Globalisierung nicht verabschieden, wir sollten das auch nicht wollen. Das ist auch so eine von Merkels festen Überzeugungen.

Einerseits ist der Satz »Wir schaffen das!« genial.

A Aha, das wäre dann visionärer Pragmatismus. Das wird mal ein großartiges Epitaph: Angela Merkel, die

visionäre Pragmatikerin. Oder die pragmatische Visio-
närin?

B Angela Merkels Eintrag in das Geschichtsbuch wird
einer zu Europa sein, etwa dieser: Während ihrer
Kanzlerschaft wurde Deutschland zur verantwort-
lichen Führungsmacht Europas, mit allen Fehlern, Erfolgen, Risiken und Nebenwirkungen. Damit setzte sie
das Werk Helmut Kohls mit den angemessenen Mitteln
fort und es gelang, die Europäische Union in einer
zehnjährigen Dauerkrise vor dem Zerbrechen zu bewahren.

Dürfen die Deutschen Europa führen?

A Wer diese Frage stellt, hat weder ein Interesse an Europa noch an Deutschland. Die Frage allein ist schon gefährlicher Unsinn. Europa funktioniert durch Einigkeit und nicht durch Führung. Wir brauchen eine starke europäische Identität, die sich auf lange Sicht über die nationale Identität wölbt – sie aber nicht ersetzt.

B Amen.

A Erinnern Sie sich noch an Helmut Kohl? Eine deutsche Führung in Europa wäre ihm nicht in den Sinn gekommen. Und François Mitterrand sicher auch nicht.

B Wir erleben eine Ballung von Problemen, die nach Führung schreit, nach Führung durch einen oder mehrere der großen EU-Mitgliedstaaten: die Eurokrise, die Flüchtlingskrise, der Kampf gegen den islamistischen Terror. Das muss gar nicht immer und in jedem Fall Deutschland sein, aber das supranationale Brüssel, die EU-Kommission, kann es auf keinen Fall sein. Warum? Weil »Brüssel« trotz der bemerkenswerten Demokratisierung seiner Instanzen nicht über genug Legitimität verfügt, so tief greifende Beschlüsse zu fassen, wie sie in diesen Krisen unausweichlich sind: Hunderte Milliarden an Euro aus Steuermitteln als Haftung ins Risiko stellen, Soldaten in den Einsatz auf Leben und Tod schicken, die Aufnahme von Millionen Flüchtlingen verfügen. Darüber können bis auf Weiteres nur nationale

Parlamente und Regierungen entscheiden. Darum muss es ein Mitgliedstaat sein, der in diesen Phasen führt.

A Aber ihre Beispiele belegen doch nur die Notwendigkeit der weiteren europäischen Einigung. Keine dieser Krisen kann ein Staat allein lösen. Sie überschreiten die nationalen Grenzen und Kompetenzen. Ihre Beispiele sind das beste Argument für mehr Europa.

Natürlich braucht Europa Führung – aber es muss sich selber führen. Es liegt im Wesen der Demokratie, dass sie sich selber führt. Und Europa ist der Kontinent der Demokratie. Wir brauchen also eine europäische Regierung, ein europäisches Parlament mit Budgetrecht, Demokratie vom Nordkap bis nach Sizilien.

Wir brauchen eine europäische Regierung.

B Sie wollen das manifeste Führungsproblem der EU mit der Abschaffung der Nationalstaaten lösen? Davon hab ich früher auch geträumt, dazu wird es aber auf ganz lange Sicht nicht kommen. Die Leute tun sich doch schon schwer genug damit, dass die nationalen Grenzen selbst im Notfall nicht mehr sind, was sie einmal waren. Die EU mit bald über 30 Mitgliedstaaten ist außerdem zu groß und zu vielfältig, um schnell weiter zu integrieren und sich auf »mehr Brüssel« zu einigen, erst recht übrigens nach dem Brexit. Vielleicht kommt eines Tages doch noch eine EU-Verfassung zustande wie die 2005 gescheiterte, aber nicht so schnell, wie wir die Probleme angehen müssen, die die Europäische Union heute dreifach tödlich bedrohen. Die Flüchtlingsnot stellt die Freizügigkeit ohne Grenzen infrage, die Schuldenkrise den Euro und der Terror unsere tolerante Vielfalt, den *European way of life*.

A Natürlich müssen die Krisen von heute auch heute gelöst werden. Das ist doch eine Binse. Und natürlich wird eine europäische Föderation nicht morgen erstehen. Die Frage ist aber doch, ob man dieses Ziel anstrebt oder aufgibt. Sie haben kapituliert. Ich nicht. Bei den vergangenen Europawahlen gab es das erste Mal zwei regelrechte Kandidaten. Mir ist schon bewusst, dass das in Deutschland stärker wahrgenommen wurde als in den anderen Mitgliedstaaten, unter anderem deshalb, weil der Präsident des EU-Parlaments Martin Schulz ein Deutscher ist. Aber ich habe das als wichtigen symbolischen Schritt wahrgenommen.

B Den Wahlsieger Jean-Claude Juncker ins Amt als Kommissionschef zu bringen, war ein schöner, starker Moment europäischer Selbstfindung, der demokratische »Putsch« eines Parlamentes gegen seine Fürsten. Dennoch bleibt die EU auf lange Sicht an wichtigen Punkten ein Bund von Nationalstaaten, etwa bei Währung, Außenpolitik, Militär, Anti-Terror oder auch in weiten Teilen der Sozialpolitik. Wer Europa hier zusammenhalten will, muss sich führen lassen oder selbst führen. Somit ist die Frage nur noch: Wer kann, darf oder muss es machen? Die Antwort liegt auf der Hand, Deutschland, das große Land in der Mitte. Denn die Mitte wird immer wichtiger, je disparater die Ränder sind, je vager auch die Grenzen nach Osteuropa. Man stelle sich nur vor, Deutschland würde diese Verantwortung nicht annehmen und sich verhalten wie Großbritannien, das große Land am Rand. Man stelle sich nur vor, die Deutschen würden in der Mitte des Kontinents über einen Ausstritt auch nur beginnen nachzudenken – sofort wäre die »deutsche Frage« wieder da, die Angst vor den Deutschen auf Alleingang.

A Egal ob Zentrum oder Peripherie – die Staaten sehen, wie ihre Souveränität erodiert. Und sie stehen vor der Wahl, ihren Einfluss zu bündeln und gemeinsam mehr zu erreichen, als ihnen allein möglich wäre. In der Handelspolitik ist das längst Alltag, jüngstes Beispiel die Verhandlungen mit den USA zum TTIP-Abkommen. Dieser Weg steht den Staaten auch in den von Ihnen genannten Politikfeldern ohne Weiteres offen. Oder sie entscheiden sich tatsächlich dafür, sich der Führung Berlins zu unterwerfen. Wenn man Franzosen, Spaniern und Polen diese Alternative gibt, was meinen Sie, wofür die sich entscheiden?

B Diese Staaten würden dem nächsten großen Schub von Hoheitstransfer auf die europäische Ebene derzeit nicht zustimmen. Aus unterschiedlichen Gründen gibt es eine Renaissance des Bigott-Nationalen. Im Osten ist es vermutlich eine späte Reaktion auf die 50 Jahre unter Sowjetherrschaft. In Ländern wie Frankreich oder Großbritannien liegt es zum Teil an der Sehnsucht nach einstiger nationaler Größe.

In allen Fällen gilt: Das supranationale »Brüssel« kann diese Länder nicht im Boot halten. Nur eine starke Macht in der Mitte kann, wenn sie es klug anstellt, die Zentrifugalkräfte bändigen. Und klug führen heißt, Brüssel nicht platt durch Berlin zu ersetzen, sondern immer dann aus Berlin durch Brüssel zu steuern, wenn es nötig ist. So hat es Merkel in der Eurokrise gehalten: Die großen Linien waren deutsch geprägt, das haben alle durchschaut. Aber praktisch gehandhabt wurden sie von der Troika aus Europäischer Zentralbank, Internationalem Währungsfonds und eben der Europäischen Kommission. Das war akzeptabel.

A Osteuropa ist in der Tat ein Problem. Der Osten verweigert sich der Vernunft. Sie erinnern sich an den früheren Präsidenten Lech Kaczyński? Er ist mit einem Flugzeug voller Generäle und Geistlicher über Smolensk im Nebel abgestürzt, weil er auf Teufel komm raus die Landung erzwingen wollte. Das ist ein Sinnbild für Osteuropa. Bevor man sich der Vernunft der Moderne unterwirft, wählt man lieber den Tod. Ich habe ernste Zweifel daran, ob die »immer engere politische Union«, von der in der Präambel des Vertrages von Maastricht die Rede ist, mit Osteuropa überhaupt zu machen ist. Jacques Delors, der frühere EU-Kommissionspräsident und fraglos der bedeutendste Europapolitiker der vergangenen Jahrzehnte, hielt die Ost-Erweiterung der EU im Jahr 2004 für einen Fehler. Es sei dafür schlicht zu früh, sagte er: »Kein einziger Kandidat ist bereit beizutreten.« Heute wissen wir: Wenigstens was die wichtigsten der neuen Mitglieder anging, hatte Delors Recht: Polen und Ungarn. Meine Hoffnung liegt dennoch und kurioserweise in der Kraft der Bürokratie. Sie unterschätzen die autopoetischen Mechanismen der Brüsseler Beamtenherrschaft. Da wird supranationale Identität ganz von selbst erzeugt. Die Lobbyisten der großen Konzerne wissen längst, an wen sie sich wenden müssen, um ihre Interessen durchzusetzen. Eine andere europäische Hoffnung kann im antigermanischen Reflex liegen. In der Griechenlandkrise ist es Wolfgang Schäuble eben nicht gelungen, die

Griechen aus dem Euro zu drängen. Frankreich und Italien wollten das nicht mitmachen.

B Deutschland hatte in Sachen Grexit den Führungsanspruch erhoben, aber sich nicht durchgesetzt. Trotzdem bleibt Deutschland der Mitgliedsstaat, der am ehesten führungsfähig ist. Dazu braucht es eine starke Wirtschaft, die Maßstäbe setzt, internationales Gewicht, aber auch weiche Faktoren wie moralischen Kredit und eine verlässlich europafreundliche Wählerschaft, die garantiert, dass sich auch bei Regierungswechseln am pro-europäischen Kurs des Landes nicht viel ändert.

A Sie postulieren da etwas – aber sie erklären nicht, warum sich die anderen europäischen Staaten dem deutschen Diktakt unterwerfen sollten.

B Ist das Diktat oder Freiheit, nämlich die Einsicht in das Notwendige? Zu Zeiten von D-Mark, Gulden und Franc machte die Deutsche Bundesbank die Währungspolitik in Europa. Wenn sie die Leitzinsen anhob, mussten alle anderen nolens volens nachziehen. Daran hat sich im Kern nichts geändert. Und in extremen Lagen wie diesen ist deutsche Führung erst recht das kleinere Übel.

A Es fällt leichter, die Steuerung von Zins und Währung abzugeben als die Entscheidung über die Frage nach Militäreinsätzen oder Asylpolitik. Der öffentliche Rechtfertigungsdruck ist nicht vergleichbar.
Übrigens bin ich auch der Ansicht, dass Ihre Idee aus einem anderen Grund nicht funktionieren kann: Die Deutschen sind dem nicht gewachsen. Sie tun so, als wäre Deutschland in der Lage, die Rolle eines wohlwol-

lenden Hegemons einzunehmen. Das ist Wunschden-
ken. Sie erleben in Berlin längst einen neuen deutschen
Hochmut gegenüber Resteuropa. Dieses deutsche Gefühl, wir sind besser, weil wir »es« besser können. Die
deutsche Europolitik ist in Europa sehr übel
aufgenommen worden. Wir wollen glauben, das Dritte Reich und seine Verbrechen sind lange vorüber. Aber wir
als Täter entscheiden nicht über das Ge-
dächtnis unserer Opfer. Italiens Ministerpräsident Renzi
hat gesagt, Europa müsse 28 Ländern dienen und nicht
nur einem – soviel zu Ihrer Idee deutscher Führung.

B Als der Grexit – von Schäuble unter den Euro-Finanz-
ministern vorbereitet – zum Greifen nah war, ließ
sich die Kanzlerin von einer Vetodrohung der Franzosen und Italiener beeindrucken. Schäuble sagte,
Hollande und Renzi würden nur bluffen, aber Merkel
war anderer Meinung. Sie sollten sich nicht einreden
lassen, deutsche Führung sei nur ein anderes Wort für
»Viertes Reich«. Das erzählen überwiegend jene Leute,
die zu viel Schulden gemacht haben und jetzt einen
suchen, der ohne zu mucken für sie die Zeche zahlt.

A Ihre Argumentation ist Teil des Problems. Sie argu-
mentieren auf eben jene deutsche Weise, die Europa
zerstört: mit einer Scheinvernunft. Sie wiegen das
Bruttosozialprodukt, sie vergleichen Bevölkerungszah-
len, und am Ende ist Europas Zukunft nur noch eine
Machtfrage. Das ist es aber nicht. Das sollte es nie
sein. Es war das große Verdienst von Helmut Kohl, das
erkannt zu haben. Unterschätzen sie doch nicht die
Dämonen der Vergangenheit.

Schäuble sagte, Hollande und Renzi würden nur bluffen, aber Merkel war anderer Meinung.

Und außerdem: Was meinen Sie denn, wenn Sie sagen, Frankreich schwächelt? Der französische Anspruch, Europa mitzugestalten, ist doch gleichgeblieben. Ich sage ihnen: Wenn Sie Brüssel aufgegeben haben, dann haben Sie Europa aufgegeben. Wenn Sie wirklich der Meinung sind, dass das einige Europa mit seiner gemeinsamen Politik, für die Brüssel ja steht, gar keine positive Vision mehr ist, dann bedeutet das einen Rückfall ins 19. Jahrhundert. Mit allen Risiken.

B Frankreich hat in den letzten Jahren vielfach die alte Rolle verlassen, nämlich Brücke zwischen dem lateinischen Süden und dem protestantischen Norden der EU zu sein. Das liegt auch an der Reformunfähigkeit des Landes, François Hollande hat sich in dieser Not zum Klassensprecher der Südliga und der Sozialisten gemacht. Wenn das so weitergeht, wird das deutsch-französische Tandem nie wieder richtig fahren. Und dann? Was tun wir denn, wenn fast alle in der EU auf uns schauen, so wie in der Euro- oder der Ukrainekrise? Wenn wir allein deshalb Führungsmacht werden, weil die anderen uns dazu machen? *Reluctant hegemon* nennt die angelsächsische Presse Deutschland gern, den widerwilligen Hegemon. Das trifft es nicht genau genug. *Part-time hegemon* ist besser, Teilzeit-Hegemon, der ran muss, wenn es nicht anders geht. Und der gar nicht rund um die Uhr Hegemon sein will.

A Trauen Sie den Deutschen zu, mit dieser Verantwortung richtig zu umzugehen?

B Wir müssen uns ja nicht gleich wie die USA zur »Erlösernation« stilisieren, zur *redeemer nation*. Aber selbst Bismarck galt 1878 in Europa als »ehrlicher Makler«: Damals tagte eine große Balkankonferenz in Berlin – wie 2014 auch. Den deutschen Führungsanspruch formuliert diese Kanzlerin doch denkbar behutsam, sowohl in der Griechenland- als auch in der Flüchtlingskrise. Die deutsche Regierung müsse es »immer und immer wieder probieren«, eine europäische Lösung zu finden, sagte sie. Und als sie sich im Herbst 2015 weigerte, eine nationale Obergrenze für die Aufnahme von Flüchtlingen zu beziffern, war das ebenfalls Führungsanspruch. Natürlich hat einige Monate später geholfen, dass unter anderem Österreich die Balkanroute blockieren half. Das hat der Bundesregierung Zeit gekauft. Hätte Deutschland in dieser Zeit die eigenen Grenzen auch geschlossen, hätte das bedeutet, die weiße Fahne zu hissen. Das aber darf die Führung erst als Allerletzte. Darum gehört permanente ökonomische Ertüchtigung des Landes zum Anspruch, die EU zu führen, dazu. Die EU beruht ja in vielem auf *benchmarking*, also dem Vorbild der Besten, das den anderen zur Nachahmung empfohlen wird. Das macht nicht nur Freunde. Im kleinen Kreis hat Angela Merkel das schon vor Jahren ausgesprochen: Deutschland sei für Europa so etwas wie die USA für die Welt, »die ungeliebte Führungsmacht«.

A Das schaffen die Deutschen nicht. In Wahrheit wollen sie geliebt werden. Und wenn sie keine Liebe bekommen, werden sie trotzig und zornig und ziehen sich zurück, und dann war's das mit Europa. Die Enttäuschung der Deutschen wird Europa zerstören. Europa war auch immer ein Projekt der Einhegung und der Selbsteinhegung Deutschlands – wenn das endet, endet Europa.

Es gibt für einen Sozialdemokraten viele Gründe, stolz zu sein. Das Problem ist nur: Die meisten liegen in der Vergangenheit. Die sozialdemokratische Gegenwart ist deprimierend. Jahrelang dämmerte die Partei bei Werten um die 25 Prozent und man dachte, schlimmer könne es nicht mehr werden. Irrtum. Es wurde schlimmer. Die SPD ist auf dem besten Weg, zur Splittergruppe zu werden.

Wenn die SPD die Wahl hätte, wäre sie am liebsten die CDU-light. Aber eine CDU-light gibt es schon, und Angela Merkel ist ihre Kanzlerin. Der SPD wird die Sozialdemokratie zum Verhängnis: gerne Veränderung, aber bitte nicht so radikal. »Reformismus« nannte man das früher. Die CDU kann das inzwischen besser. Wenn die SPD eine Chance hat, dann liegt sie in mehr Mut zur Radikalität. Aber die SPD nutzt diese Chance nicht.

Die heutige SPD wäre wahrlich ein Fall für August Bebel. »Ach, diese kleinlichen Gesichtspunkte, diese Engherzigkeit, diese Schüchternheit, dieses ewige Beruhigen, Temporisieren, Diplomatisieren, Kompromisseln!«, rief der »Arbeiterkaiser« 1903 in Dresden aus. Er wusste, dass sozialistische Politik damit beginnen muss, dass die Welt mehr ist, als was der Fall ist.

Wer weiß das heute noch in der SPD? Johanna Uekermann, die Vorsitzende der Jungsozialisten. Sie ist eine junge Frau, 28 Jahre alt. Es sind oft junge Leute, die den Widerspruch zwischen Wort und Wirklichkeit nicht gut

Ist die SPD zu retten?
Blome

Die deutsche Sozialdemokratie wird nicht an den Umständen, den Zeitläuften oder am politischen Gegner scheitern. Sie wird, wofür einiges spricht, an sich selbst scheitern. Die SPD ist die Partei der pathologischen Autoaggression, des klinisch kranken Selbstdementis. Das ist wahlweise abstoßend oder mitleiderregend. Finis Volkspartei.

Unter Gerhard Schröder hat die SPD dem Land einen großen Dienst erwiesen. Unter dem Rubrum »Hartz IV« hat sie den Beschäftigungsmarkt entfesselt, Arbeitslosen- und Sozialhilfe entkoppelt und alles in allem die größte Sozialreform seit dem Zweiten Weltkrieg vollbracht. Sie hat der kartellierten Deutschland AG das Licht ausgeblasen, die Steuern gesenkt und die gesamtdeutsche Gesellschaft durchlüftet. Der Erfolg ist bis heute messbar: mehr Arbeitsplätze, höhere Löhne, sichere Renten, eine freiere Gesellschaft.

SPD und Grüne haben gewiss auch eine Menge falsch gemacht in ihren sieben Jahren Regierungszeit und manches Mal schlimm dilettiert. Aber die Agenda 2010, mit dem Rücken zur Wand begonnen, war ein großes Stück Politik und zäher Regierungskunst. Wenn die Ostpolitik Willy Brandts aus Deutschland ein »Volk guter Nachbarn« in der Mitte Europas gemacht hat, dann hat Gerhard Schröders Agenda 2010 aus Deutschland jenes Land gemacht, das stark genug war, um

A aushalten. Als Parteichef Sigmar Gabriel mal wieder eine seiner großartigen Reden gehalten hatte – »Dass jeder Mensch in diesem Land und in Europa aus seinem Leben etwas machen kann, selbstbestimmt und frei, das ist der Auftrag der Sozialdemokratie, liebe Genossinnen und Genossen« –, sagte Uekermann ganz trocken, sie verstehe jeden, der nach Gabriels Rede sagt: »Ja, das war 'ne starke Rede, aber irgendwie kann ich das nicht in Einklang bringen mit dem, was danach immer wieder passiert.«

Ein Versprechen, noch dazu ein dauernd wiederholtes, muss irgendwann eingelöst werden. Oder niemand glaubt es mehr.

Bei der SPD ist das inzwischen erkennbar der Fall. Die Sozialdemokraten müssen jetzt das tun, was ihnen am schwersten fällt: Sie müssen sich entscheiden. Die SPD muss sich das emanzipatorische Projekt unserer Zukunft suchen. Und da gibt es nur eine Antwort: Europa! Die gerechte Wirtschaft, die zivile Gesellschaft, der friedliche Staat – das wird es nur in Europa geben. Umgeben von Steppen und Dschungeln ist Europa – noch – ein Garten der Ordnung. Es ist nicht nur die Chance der SPD im Wettstreit mit Merkel, dass die Kanzlerin die Bedeutung Europas nicht versteht – es ist die Verantwortung der Sozialdemokratie. Eine sozialistische Vision von Europa – ja, das wäre das, was Brandts Freund Richard Löwenthal einst abschätzig einen »romantischen Rückfall« nannte. August Bebel wäre diesen Weg gegangen.

den Euro und Europa zusammenzuhalten, als es darauf
ankam.

Doch die SPD hasst, was sie stolz machen müsste. Sie fühlt sich beschmutzt nach ihrem Rendezvous mit der Vernunft der Mitte. Das ist der ausschlaggebende Grund für ihren Niedergang. Für ihren enormen Verschleiß an Vorsitzenden. Für ihre drei, bald vier Niederlagen gegen Angela Merkel.

Die Menschen merken das: Die SPD riecht nach Gewesenem. Sie will nicht mit der Zeit gehen, dabei war sie auf dem richtigen, dem »dritten« Weg. Blair, Schröder, Clinton: Alle drei waren streitbare Anführer, immer eitel, gelegentlich unernst, machtbewusst und Macho. Aber sie hatten eine Idee von einer Sozialdemokratie, die ihre angreifbaren Flanken sichert, den gerechten Sozialstaat wetterfest macht und die Menschen der Mitte adressiert, die normalen Leute. Das hat bei den drei in der Vergangenheit funktioniert, und es funktioniert bei Italiens Matteo Renzi in der Gegenwart.

Es wäre für die deutsche Sozialdemokratie also ganz einfach, die deutsche Sozialdemokratie zu retten. Vermutlich ist das aber noch ein Grund, warum es unterbleibt: Die SPD ist nicht verliebt ins Gelingen, sie ist verliebt ins Greinen.

Braucht Deutschland eine linke Regierung?

B Wissen Sie was, ich wünsche mir Rot-Rot-Grün. Nicht als Regierung, aber als Wahl-Alternative. Ich glaube, uns täte nach zwei großen Koalitionen in drei Legislaturperioden möglichst viel Polarisierung gut. Und ich verstehe nicht, warum es SPD, Grüne und Linkspartei nicht wenigstens versuchen. Das sind doch Profis, und sie wissen, dass sie alle ihre Differenzen in einem ganz normalen Koalitionsvertrag klären oder einfrieren könnten. Die SPD ankert dann links der Mitte, lässt die Grünen bei den Liberalen räubern und die Linkspartei den politischen Rand und den Osten bedienen. Wenn Rot-Rot-Grün mit offenem Visier und Koalitionsansage antritt, soll der Wähler entscheiden – dann hat er endlich etwas zu entscheiden. Ich habe mich im Frühjahr 2015 einmal lange mit Sigmar Gabriel darüber unterhalten. Da hat er solche Ideen abgelehnt. Inzwischen scheint er es begriffen zu haben.

A Eine linke Alternative zur Unterhaltung gelangweilter Konservativer? Ich sehe schon, Sie machen Witze. Aber ich fürchte, es ist dafür bereits zu spät. Weder Grüne noch SPD sind noch linke Parteien. Sie hätten sonst die linke Mehrheit, die es im Bundestag ja gibt, längst genutzt. Dennoch – ich lasse mir die Utopie nicht nehmen. Leute wie Sie dagegen haben das Wünschen verlernt. Sie kümmern sich darum, was möglich ist. Aber das genügt nicht. Politik braucht Utopie. Es gibt eine sonderbare, misanthropische Freude über das Ende der Utopien, die ich nicht verstehen kann. Wie bei Joachim Fest, der 1991 gesagt hat: »Zersprungen sind all die scharfsinnigen Träume über die Menschheitszukunft, die aus der Welt ein riesiges Schlachthaus gemacht haben. Der Aufruhr der zurückliegenden Jahre war, über seine vordergründigen Anlässe hinaus, vor allem ein Aufruhr gegen den Terror der Ideen und die Befreiung, die endlich kam, eine Befreiung zur Realität.«

B Geschlossene Generalentwürfe, politisch, wirtschaftlich oder gesellschaftlich, müssen scheitern, denn sie brauchen dichte Grenzen, um zu leben. Die DDR zog eine Mauer um ihr Menschenexperiment, aber die Globalisierung hat sie und den ganzen Ostblock trotzdem weggespült. Internet und Digitalisierung sind endgültig der Tod der Grenzen, außer in Nordkorea vielleicht. Spannend und beängstigend dagegen ist, wie die Nationalpopulisten darauf antworten, dass es Grenzen in der alten Form nicht mehr gibt. Die einschlägigen Regierungen schalten nicht alle das Internet ab, sie versuchen stattdessen, einen geistigen Reinraum für ihr Staatsvolk zu bauen, so wie die keimfreien Räume im Krankenhaus. Nur in diesem künstlichen Klima kann ihr Weltbild gedeihen. Das ist schleichend unfrei und fürchterlich antiliberal. Eine völkische Utopie.

A Das sind Ihre Assoziationen beim Begriff Utopie: Insel, Mauer, Orbán. Meine sind andere. Heute ist die Demokratie selbst zur Utopie geworden. Links wäre eine Regierung heute schon, wenn sie den Begriff Demokratie ernst nimmt. Die Rückkehr zur Demokratie ist inzwischen ein linkes Projekt. Vom Sozialismus müssen wir da gar nicht reden. Und das machen die sogenannten linken Parteien in Deutschland auch nicht. Die Aufgabe einer linken Regierung besteht darin, die Demokratie zu retten, nicht darin, den Sozialismus einzuführen.

B Haben Sie Angst vor der eigenen Courage, oder warum ist Ihr stärkstes Argument für eine linke Regierung, dass sie ja gar nicht so links wäre? Die Rettung der Demokratie ist nun wirklich nicht das Monopol der Linken. Das können andere genauso gut, wenn die Demokratie denn wirklich gefährdet ist.

A Heute nennt sich jeder Demokrat. Der Begriff ist ganz schön heruntergekommen: Russland, Iran, Türkei – das sind alles Demokratien ... Als die AfD bei den Landtagswahlen 2014 beinahe 400 000 Nichtwähler mobilisierte, empfanden das manche Kommentatoren als Fortschritt der Demokratie. Hauptsache, die Leute gehen überhaupt wählen – egal was? Nein. Wir wissen inzwischen, was die Demokratie alles produzieren kann. Der wahre Charakter der Demokratie misst sich immer nach dem Grad der Gerechtigkeit. Danach ist es um die Demokratie in Deutschland nicht gut bestellt. Wer unten ist, bleibt unten – die soziale Durchlässigkeit ist zu gering. Und außerdem nimmt die Ungleichheit immer weiter zu. Deutschland braucht mehr Durchlässigkeit und mehr Umverteilung. Das sind die Aufgaben, vor denen unsere Demokratie heute steht – und das sind Aufgaben linker Politik.

B Wenn das »links« ist, dann ist »links« zweierlei: ein Irrtum und ein Etikettenschwindel, der aber immerhin zum Kern des Streits führt. Es herrscht nämlich nicht automatisch mehr Gerechtigkeit, wenn mehr Gleichheit herrscht. Wer beim Kindergeburtstag Sackhüpfen aufruft, muss damit leben, dass nicht alle gleichzeitig ins Ziel kommen. Ist das ungerecht? Unsozial? Unmoralisch? Weder noch, es ist nur nicht immer leicht zu ertragen, selbst dann nicht, wenn am Start alle die gleichen Chancen hatten. Dass hingegen die deutsche Gesellschaft Startchancen ungleich verteilt und zu selten Anstrengung mit Aufstieg belohnt, das beklagen Linke und Liberale gleichermaßen. Mit dem Unterschied freilich, dass es überwiegend linke Politiker und Regierungen waren, die in den 70er Jahren den Treibriemen für den Aufstieg absichtsvoll beschädigt haben. Sie haben »Leistung« als Begriff und Ziel erfolgreich diffamiert. »Leistung« gehörte am Ende zu Oskar Lafontaines »Sekundärtugenden«, mit denen man »auch ein KZ führen könnte«, wie er so schön sagte. Wer aber in einer durchlässigen Gesellschaft aufsteigen will, muss sich unterscheiden wollen von denen, die ihn anfangs, beim Start, umgeben. Er muss mehr leisten in einem Wettbewerb gegen seinesgleichen und gegen die Angehörigen der darüberliegenden sozialen Schicht. Auch der Satz »Meinen Kindern soll es besser gehen« ist der Wunsch, seinesgleichen ein wenig hinter sich zu lassen, also Distinktion zu schaffen, nicht Gleichheit. Der Staat kann dabei helfen. Aber er kann es nicht richten.

A Die Wahrscheinlichkeit, dass ein Akademikerkind auf der Universität landet, ist dreimal so hoch wie bei einem Kind geringqualifizierter Eltern. Wer aus der Unterschicht stammt, lernt später schwimmen, wiegt mehr, verletzt sich häufiger im Straßenverkehr und ist häufiger Opfer von Gewalt. Arme sterben früher als Wohlhabende. Bei Männern beträgt der Unterschied zwischen oberer und unterer Einkommensgruppe in der Lebenserwartung beinahe elf Jahre. Das alles sind keine notwendigen Ungerechtigkeiten, mit denen wir leben müssen. Das ist das Versagen der Politik. Vor allem der Sozialdemokraten. Seit dem Jahr 1999 war die SPD nur eine Legislaturperiode hindurch von der Macht ausgeschlossen. Genügen zwölf Jahre Regierung nicht für eine gerechte Bildungs- und Steuerpolitik? Wie lange braucht es dann? Man wüsste das als Wähler gerne, bevor man der SPD das nächste Mal die Stimme gibt. Und was Ihren Liberalismus angeht – der ist tot. Es gibt ihn nicht mehr. Wenn er noch eine politische Heimstatt hat, dann ist das bei den Linken.

B Natürlich ist es ein Skandal, dass der Bildungserfolg eines Kindes heute mehr als vor 30 Jahren vom Geldbeutel der Eltern abhängt. Trotzdem machen wir seit 30 Jahren dieselbe Bildungspolitik, dieselbe Sozialpolitik, wenn man von der Agenda 2010 einmal absieht. Die Konservativen nehme ich von dieser Kritik gar nicht aus. Wenigstens sie müssten wissen: Ex post, durch finanzielle Umverteilung, ist gesellschaftliche Ungleichheit nicht zu beheben. Wer es nicht glaubt, möge sich an die Anfänge der Umweltpolitik erinnern: Irgendwann hieß es, das mit dem Dreck geht so nicht weiter, wir müssen die Schöpfung bewahren. Also wurde gereinigt, was bei den Fabriken hinten rauskam. *End-of-pipe technology*, nennt man das. Ist sehr teuer und funktioniert nicht richtig. Wirklich etwas verändert hat sich erst, als der Umweltschutz in die Produktion von Anfang an

> Wer aus der Unterschicht stammt, lernt später schwimmen, wiegt mehr und ist häufiger Opfer von Gewalt.

eingebaut wurde. Und Bildung ist das, was im übertragenen Sinn in die »gesellschaftliche Produktion« an jeder Stelle eingebaut werden muss. Bildung ist der Schlüssel, aber wir lassen 16 Bundesländer je nach Kassenlage dilettieren, anstatt die wichtigste aller langfristigen Aufgaben dem Bund zu übertragen. Warum sind noch nicht alle Kitas gebührenfrei? Warum wurden die Studiengebühren abgeschafft? Jetzt zahlen die kleinen Leute mit ihren Steuern jenen die Ausbildung, die hinterher um ein Vielfaches mehr als sie selber verdienen werden. Warum gibt es nicht zinslose staatliche Studienkredite für jeden in jeder gewünschten Höhe? Und warum kriegt jemand Hartz IV und alle sonstigen Leistungen ungeschmälert, auch wenn er seine Ausbildung schuldhaft versemmelt hat? Wer faire Chancen für alle beim Aufstieg in einer durchlässigen Gesellschaft will anstatt öffentlich administrierte Umverteilung der Ergebnisse hinterher, der muss die Bildungspolitik umkrempeln. Gerade das will die Linke nicht, es passt nämlich nicht in ihr Menschenbild.

A Sie reden von Menschen wie von Maschinen. Es geht um Optimierung und Effizienz und Leistung und Erträge. Ihnen schwebt der marktkonforme Mensch vor so wie Merkel seinerzeit die marktkonforme Demokratie. Das ist das Elend mit dem neoliberalen Denken: es ist scheinvernünftig. Ihre Gesellschaft ist eine todtraurige Gesellschaft.

B Haha, da hätten Sie meine Freunde bei meiner Hochzeit hören sollen. Da wurde gepoltert: Nikolaus kann nur lachen, wenn andere hinfallen. Im Ernst: Das Ganze ist ausdrücklich nicht nur rein ökonomistisch gedacht.

48

Es geht um ein bestimmtes Bild vom mündigen Menschen, der sein Glück auch selbst in die Hand nimmt. Es geht um eine Gesellschaft, die dann gerecht ist, wenn sie ihm genau das ermöglicht. Diese Idee stellt auf den Einzelnen ab, auch auf die Gefahr hin, Einzelne zu überfordern. Der Einzelne ist wichtiger als der Staat.

A Diesen Widerspruch erzeugt der Neoliberalismus künstlich. Das ist Teil der Ideologie. Lacordaire hat gesagt: »Entre le fort et le faible, entre le riche et le pauvre, entre le maître et le serviteur, c'est la liberté qui opprime et la loi qui affranchit.« Es ist die Freiheit, die unterdrückt, und das Gesetz, das Schutz gewährt.

B Ich liebe dieses Zitate-Bingo, irgendein Franzose geht immer, oder? Werden wir lieber konkret: Wer einen Steuertarif konstruieren will, steht vor der Frage, wer wichtiger ist: der Einzelne oder der Staat? Wer bekommt wie viel? Wer kann mit dem Geld am besten umgehen? Wem gehört es eigentlich? Natürlich braucht es einen funktionstüchtigen Staat, aber nicht der Einzelne muss begründen, warum er etwas mehr von seinem sauer verdienten Geld behalten will. Die Politik, die Regierung muss begründen, wenn sie noch mehr für sich und ihre Aufgaben haben will. Ab einem gewissen Punkt hat der Staat Bittsteller beim Bürger zu sein. Seit Jahrzehnten ist es umgekehrt.

A Es geht nicht darum, wer am besten mit Geld umgehen kann. Es geht darum, in welcher Gesellschaft wir leben wollen. Geld erzeugt neues Geld. Kapitalismus erzeugt Ungleichheit. Nur der Staat kann diesem Mechanismus entgegenwirken. Das ist im Interesse aller. Es ist ein Zeichen der Erosion unseres Systems, dass nur die Linken sich dieser Herausforderung überhaupt stellen wollen – und noch mal: Da geht es nicht darum, den Sozialismus einzuführen, sondern darum, die Demokratie zu erhalten. Natürlich brauchen wir eine andere Steuerpolitik: Vermögenssteuer, Erbschaftssteuer, Abgeltungssteuer – das muss alles neu geregelt werden. Niemand versteht, warum Aktiengewinne halb so hoch besteuert werden wie Einkommen aus Arbeit. Das ist einfach ungerecht. Nur eine linke Regierung würde das ändern. Wenn Ihnen die Franzosen nicht passen, ich habe auch ein deutsches Zitat für Sie: »Die Verteilungsgerechtigkeit, der oberste Grundsatz jeder seriösen Steuerpolitik, wird bei der Distribution des erwirtschafteten Sozialprodukts krass missachtet«, schrieb der Historiker Hans-Ulrich Wehler.

Geld erzeugt neues Geld.

B Also doch, die gute alte Umverteilung, der älteste Hut von allen. Warum erkennen so wenige, dass obwohl in Deutschland mal stärker, mal schwächer umverteilt wird, sich nichts Messbares an der Gerechtigkeit der Gesellschaft verändert hat? Die Verteilung der Einkommen ist über Jahre, wenn nicht Jahrzehnte konstant, man nennt das den Gini-Koeffizienten. Erbschaften zu besteuern, ist ein zweiter Griff in die Kasse derer, die sie aus eigenen Kräften füllen und bereits einmal davon abgegeben haben. Was daran gerecht sein soll, ist und bleibt ein Rätsel. Man könnte zynisch werden bei dieser Debatte: Es gab Momente in der deutschen Geschichte, da waren die Vermögen sehr viel gleicher verteilt als heute, na fein. Das war aber, als die Hyper-Inflation die Mittelschicht enteignet oder als der

Zweite Weltkrieg Millionen Häuser in Trümmer gelegt hatte. Nein, da werden wir uns nicht einig, und gerade darum wäre es doch gut, die Leute könnten bei einer Bundestagswahl Ja oder Nein zu einer linken, umverteilenden Regierung sagen. Rot-Rot-Grün sollte den Mumm haben anzutreten, es gibt ja deutlich mehr Nicht-so-gut-Verdienende im Land als Gut-Verdienende. Das müsste Ihnen doch Hoffnung machen?

A Sie denken zu eng. Wenn Sie die Frage so stellen, muss man sagen: Der Wähler hatte da bereits die Wahl und hat sich entschieden. Im Jahr 2013 haben die Grünen die Bundestagswahl verloren. Sie waren für eine Erhöhung des Spitzensteuersatzes auf 49 Prozent ab einem Haushaltseinkommen von 80 000 Euro eingetreten, für eine Abgabe von 1,5 Prozent auf Vermögen ab einer Million Euro sowie für eine Verdoppelung des Aufkommens aus der Erbschaftssteuer. Diese Pläne hätten nur für die wohlhabendsten fünf Prozent der Deutschen eine Verschlechterung bedeutet. Aber zu viele Deutsche hatten die neoliberale Lektion gelernt: Das Geld ist in der Hand der Reichen am besten aufgehoben. Das Steuerkonzept war meiner Meinung nach richtig – aber es war kein Teil eines linken Projekts, eine linke Politik stand damals gar nicht zur Wahl. Von Rot-Rot-Grün war, wie Sie wissen, gar nicht die Rede. Und vor allem: der Kandidat – Steinbrück – war falsch. Aber dennoch muss man für möglich halten, dass die Deutschen gar keine linke Politik wollen, selbst wenn sie davon profitieren würden.

B Wer weiß, ob Peer Steinbrück ein guter Kanzler geworden wäre, das stellt sich immer erst heraus, wenn einer das Amt hat und ausübt. Im Wahlkampf jedenfalls hatten er und seine Partei »das falsche Bild vom Land«, so nennt es Steinbrück inzwischen selbst. »Das falsche Bild« von einem ungerechten, ungleichen, gepeinigten Deutschland, das aus tiefstem Jammertal heraus nach linker Steuer- und Sozialpolitik darbt. Und so wie Sie konnte auch die linke Funktionärskaste der SPD nicht verstehen, warum so viele Leute ablehnen, wovon sie – vermeintlich – profitieren sollten. Aber das ist falsch gedacht. Genügend Leute oben wie unten auf der sozialen Skala sehen genau, ob es ihnen besser oder schlechter geht als vor fünf Jahren. Sie haben verstanden, dass Umverteilung eben nicht die Lösung ist, dass sie ihnen nichts nutzt oder gar schadet. Die Leute sind nicht blöd.

A Sie sind ja rührend. Sie setzen das vollkommene Funktionieren unserer demokratischen Öffentlichkeit voraus und den vollständig mündigen und informierten Bürger, der sich allzeit rational verhält. Dazu beglückwünsche ich Sie. Ich bin pessimistischer. Die Leute verfolgen aller Erfahrung nach keineswegs immer ihre wahren Interessen.

B Und deshalb müssen wir sie zu ihrem Glück zwingen, von dem sie leider noch nichts wissen? Es gibt keinen größeren Fehler, als »die Leute draußen im Land« zu unterschätzen. Die bekommen fast allesamt ihr Leben auf die Reihe, die übergroße Mehrheit geht pünktlich zur Arbeit und leistet viel, erzieht die eigenen Kinder und müht sich nach Kräften, ehrlich und sauber zu bleiben. Die linken Parteien werden diese Menschen überzeugen müssen, oder sie werden nie mehr den Kanzler stellen. In anderen europäischen Ländern geht das doch auch. Was bei uns fehlt, ist eine charismatische Persönlichkeit, die das in den Wählern der Mitte an Sehnsüchten zu wecken versucht, was Sie sich wünschen.

A Stimmt. Tsipras und Iglesias sind solche Leute. Wir haben niemanden.

B Mag sein, dass die Mehrheit der Wähler politischen Streit verabscheut, »Parteiengezänk«, wie es heißt. Aber dieselben Menschen finden den Dauerkonsens auch nicht gut, sondern langweilig. Es braucht einen linken Volkstribun, dann wäre es eine echte Wahl, einen klugen, gut aussehenden Visionär mit Bodenhaftung. Ich fürchte, mein lieber Augstein, Sie müssen es selber machen.

Kennen Sie noch Claus Weselsky? Der Chef der Lokführer-Gewerkschaft war eine Zeit lang der meistgehasste Mann Deutschlands. Geltungssucht war noch der harmloseste Vorwurf, den der Gewerkschafter sich gefallen lassen musste, als er seine Lokführer in einen monatelangen Arbeitskampf führte. Die BILD-Zeitung nannte ihn den »Größen-Bahnsinnigen« und auf Twitter wurde gefragt, ob der Mann eigentlich Personenschutz hat. Nicht mal die SPD wollte Solidarität mit den streikenden Lokführern üben: »Statt Deutschland lahmzulegen, brauchen wir ernsthafte Verhandlungen«, schimpfte SPD-Chef Sigmar Gabriel.

Weselskys einziges Vergehen: Er hatte von einem Grundrecht Gebrauch gemacht – dem Recht auf Streik.

Die Kritik an Weselsky und seinen Leuten ging an die Wurzel der kapitalistischen Gesellschaft: dass es einen Interessengegensatz gibt, zwischen denen, die ihre Arbeitskraft hergeben, und denen, die sie nehmen – denn so herum wird ja ein Schuh aus dem Verhältnis von Arbeitgeber und Arbeitnehmer. Der Wind der öffentlichen Meinung blies Weselsky auch deshalb so hart ins Gesicht, weil nicht wenige Leute inzwischen meinen, die Beschäftigten sollen gefälligst nehmen, was der Chef zahlt und ansonsten das Maul halten.

Solidarität muss man üben. Sie verlernt sich sonst. Und wo die Beschäftigten die Solidarität miteinander

Wann wird Streik asozial?

Blome

Es ist schon lustig, dass die Linke nichts daran findet, staatlich festgesetzte (Mindest-)Löhne gleichermaßen zu fordern wie das freie Spiel der Tarifkräfte, vulgo: Streiks. Die gehören natürlich zur Marktwirtschaft, der Staatslohn nicht. Und noch etwas gehört dazu, nämlich Verhältnismäßigkeit der Mittel und Augenmaß bei ihrem Einsatz.

Das Streikrecht hängt nicht an der Mitgliederzahl einer Gewerkschaft. Aber Legitimität und Umfang der Ziele müssen in einem anständigen Verhältnis stehen zu dem Schaden, den ein Streik selbstverständlich anrichtet, anrichten darf – ja, anrichten muss, wenn er etwas bringen soll.

Mit der Angemessenheit verhält es sich wie mit der Obszönität. Es ist nicht leicht, sie abstrakt in Worte zu fassen, aber man erkennt sie, wenn man davorsteht: Wenn die GDL-Lokführergewerkschaft über Wochen einen internationalen Großkonzern lahmlegt, weil sie den eigenen Wirkkreis um drei- bis fünfeinhalb ICE-Bedienungen erweitern will, dann hat sie jedes Maß verloren. Gleiches gilt für eine Bande von Piloten in Uniform, die bei der Lufthansa eine Strategie-Entscheidung verhindern wollen, weil ihre aus der Zeit gefallene üppige Altersversorgung angetastet werden könnte.

Vor Jahrzehnten versuchten die Metall-Arbeitgeber, die Gewerkschaft in Tarifkämpfen zu besiegen, indem sie

verlernt haben, wird jeder gesellschaftspolitische Konflikt zum individuellen Problem. Der Klassenkampf findet nicht mehr auf der Straße statt, sondern im Inneren. Margaret Thatcher musste die Gewerkschaften noch mit Polizeigewalt bekämpfen. Das übernehmen heute bei uns die Zeitungen.

Die hasserfüllten Angriffe auf Weselsky sind die Personalisierung eines gesellschaftlichen Problems. Die öffentliche Meinung konnte sich den Streik nur noch aus der problematischen Persönlichkeit dieses Gewerkschaftschefs heraus erklären, nicht mehr aus der Tarifpolitik der Deutschen Bahn.

Mit einem schnodderigen Zynismus führte die Öffentlichkeit einen Klassenkampf von oben: »Links sein muss man sich leisten können«, schrieb der Journalist Jan Fleischhauer, als sei Solidarität eine Frage des Geldbeutels. Dabei war das Gegenteil der Fall. »Der Klassenkampf ist keine Utopie, wenn der eine ein Haus besitzt, der andere hingegen nur die Tuberkulose«, schrieb Maxim Gorki in seinem *Klim Samgin*. Pathos? Ja, warum nicht. Der Klassenkampf ist eine pathetische Angelegenheit.

Wenn Manager »Personal abbauen«, finden das alle normal. Aber wenn die Abhängigen für ihre Interessen kämpfen, herrscht schnell Empörung. Das ist pervers. Ein Streik ist kein Skandal, sondern eine Erinnerung an die Macht der Arbeitnehmer.

sofort komplette Belegschaften »aussperrten«, wiewohl nur bestimmte Betriebsteile bestreikt wurden. Deutsche Gerichte verboten das, um dem Gebot der Verhältnismäßigkeit und Waffengleichheit Respekt zu verschaffen. Gut so. Es wäre nur schön, würden solche Urteile auch über die Allmachtsallüren mancher Gewerkschaften gesprochen.

Was macht die AfD mit uns?

A Die Existenz der AfD weist auf ein Dilemma der Demokratie hin: Muss man jedes Wahlergebnis respektieren, wenn es demokratisch zustande gekommen ist? Meine Antwort: Nicht jedes demokratische Ergebnis ist auch demokratisch. Die Demokratie kann sich auch selber abschaffen. Der französische Philosoph Alain Badiou hat gesagt, dass er die allgemeine Wahl als solche überhaupt nicht respektiere – sondern dass dies vom Ergebnis abhängig ist: »Die allgemeine Wahl wäre das Einzige, was unabhängig davon, was es produziert, zu achten wäre.«

B Natürlich ist jedes Ergebnis einer demokratischen Wahl demokratisch. Aber es ist und bleibt ein seltsamer Gedanke, dass jeder einzelne Wähler zwar ein Idiot sein kann, aber alle Wähler zusammen, als Souverän, niemals falsch liegen. Wenn der Souverän per Definition immer recht hat, ist er so unfehlbar wie der Papst. Das ist zwar irre, aber ändern kann man es nicht wollen.

A Es war erstaunlich zu beobachten, wie schnell viele Medien nach den ersten großen Wahlerfolgen der AfD gefordert haben, diese neue Partei im politischen Spektrum der Bundesrepublik willkommen zu heißen.

B Das war Ihr Spiegel, lieber Augstein. Im Februar 2016 war auf dem Cover Parteichefin Frauke Petry optisch so inszeniert, dass man an eine Neo-Nazisse denken musste, und ihr Laden, die AfD, hieß »Die Hass-

prediger«. Gut acht Wochen später, nach drei erfolg-
reichen Landtagswahlen, stand über dem Spiegel-Leit-
artikel zur AfD: »Herzlich willkommen«. Prost.

A »Mein« Spiegel, haha, dass ich nicht lache. Das Argument ist jedenfalls spannend: Wer bis zu 25 Prozent
der Wählerstimmen erreichen kann, repräsentiert eine
Kraft der politischen Mitte und gehört automatisch
dazu. So, als ginge es bei der Frage nach unserer politischen Identität nur um Zahlen und Proporz und nicht
mehr um Inhalt. Die AfD mag keine verfassungsfeindli-
che Partei im juristischen Sinne sein – im politischen
ist sie es auf jeden Fall. Denn sie ist gegen den Geist der
Verfassung.

B Das ist Wortklauberei. Natürlich ist die AfD Teil des
politischen Spektrums, solange sie nicht verboten ist.
Aber was ist diese Partei nun – gut oder schlecht für
Demokratie und deutschen Parlamentarismus? Immerhin holt die AfD Hunderttausende Nichtwähler an
die Urne, und sie hilft, einem lethargischen Weiter-So
mit Großen Koalitionen den Riegel vorzuschieben. Beides ist zu begrüßen, auch wenn diese Partei kaum ver-
hohlen fremdenfeindlich, antiislamisch und wirklich
abstoßend daherkommt.

A Ist es schon ein Gewinn, wenn aus Nichtwählern Wähler werden? Der Nichtwähler ist eine schlafende Bedrohung für die Demokratie, aber wenn er eine rechte,
rassistische Partei wählt, dann ist diese Bedrohung
erwacht.

B Jahrelang hat die Forschung geglaubt, dass ein großer
Teil der Nichtwähler aus stiller Zufriedenheit mit den
Verhältnissen daheim bleibt. Dank der AfD wissen wir,

dass Nichtwähler eben doch überwiegend Wutbürger aller Couleur sind. Es ist allemal besser, sie treten jetzt ins Licht.

A Gut, dann stehen sie jetzt im Licht: als Rassisten, als Globalisierungsgegner, als Modernisierungsverweigerer, als Frauenfeinde und Islamhasser – und was machen wir jetzt mit ihnen, im Licht? Ja, wir müssen sie integrieren. Aber in die Gesellschaft, nicht in die Regierung.

B Die AfD lockt derzeit das Veränderungsfeindliche und Anti-Weltoffene aus allen Parteien zu sich. Das betrifft CDU und CSU kaum anders als SPD und Linkspartei, Kleinbürger und irrational verängstigte Statusbewahrer aus dem Mittelstand gibt es in jeder Partei. Daneben gehören Arbeiter und Arbeitslose zum wichtigsten Wählerreservoir der AfD. Allein weil sie so viele Alt-Wähler aufgenommen hat, könnte sie mit den Alt-Parteien potenziell auch koalitionsfähig sein.

A Das geht aber schnell – die Linkspartei hat man 20 Jahre im Abklingbecken gelassen, aber die wollen ja auch den Banken ans Leder, und nicht den Ausländern.

B Die Linkspartei ist die Nachfolgerin der Einheits-Staatspartei einer Diktatur. Das glaubwürdig hinter sich zu lassen, ist offenkundig schwerer, als sich in einer frühen Phase von Sektierern und Rechtsextremen zu trennen. Mal sehen, ob es der AfD gelingt, den großen, sehr dunklen Teil ihrer Seele auszutreiben. Dieser Teil hat sie freilich von Beginn an mit ausgemacht, die Anti-Euro-Bewegung von Professor Lucke war bestenfalls ein Teil vom Ganzen. Aber die Grünen haben ihren gewalttätigen, kommunistisch orientierten Teil ja auch nicht allzu lange nach der Gründung abgesprengt. Bei der AfD müssen sich die Realos unter anderem von den rechten Radikalinskis und Antisemiten trennen. Sonst bleibt die Partei unwählbar.

A Je länger sich der braune Flügel der AfD halten kann, desto gefährlicher wird er für das gesamte System. Die Grenzen des Sagbaren und des Denkbaren haben sich bereits verschoben. Demokratische Kultur kann auch zerstört werden. Demokratie kann verlernt werden. Was macht es mit uns, wenn wir uns daran gewöhnen, Rassisten in den Parlamenten zu haben? Die AfD kann vom rechten Rand aus das ganze System infizieren. Auf dem Parteitag der AfD in Stuttgart hat Jörg Meuthen, einer der beiden AfD-Chefs, gesagt: »Geben wir dem Justizminister Herrn Maas einmal recht: Das Programm unserer Partei sei ein Fahrplan in ein anderes Deutschland. Das stimmt. Und zwar weg von einem links-rot-grün verseuchten 68er-Deutschland, von dem wir die Nase voll haben. Man könnte auch sagen, von einem leicht versifften Deutschland.« Begeisterung im Saal. *Standing ovations.* Oder, wie man im Deutsch der AfD sagen würde: frenetischer Beifall. Wohlgemerkt: Meuthen gilt in der AfD als Mann der Mitte und der Mäßigung. So maßlos ist heute die Mitte.

B Kommt man wirklich weiter, wenn man eine Partei als Bazillus definiert? Sind Frauke Petry, Alexander Gauland und Herr Höcke so gefährlich wie die Schweinegrippe oder Ebola? Man kann sich noch nicht sicher sein, was aus der AfD wird. Ein Friedhof eitler Bankrotteure wie die Republikaner oder die Schill-Partei? Eine neo-rassistische NPD-light? Oder eben doch eine Art CDU/CSU der 80er Jahre, die man nicht mögen, aber respektieren muss? Die Parlamente werden die Partei jetzt aufnehmen und etwas Produktives aus ihnen machen – oder sie unverdaut wieder ausscheiden. Das erging den Republikanern so, die mit mehr als zehn Prozent der Mandate einst im baden-württembergischen Landtag saßen. Die Schill-Partei von »Richter Gnadenlos« nahm der damalige CDU-Bürgermeister Ole von Beust aus dem Stand in eine Koalition, um Hamburg zu regieren. Alles ohne großen Schaden, im Gegenteil. Der Spuk war schnell vorbei. Koalitionen können auch Kuren sein.

A Aber Frauke Petry hat kein Hitler-Herpes. Spaß beiseite – mit der AfD wird es anders laufen, denn sie ist ein Symptom für tiefer liegende Probleme. Die AfD ist eine revolutionäre Partei im eigentlichen Sinn. Sie will eine Umwälzung der bestehenden Verhältnisse und eine genügend große Zahl der Wähler ist so enttäuscht von diesen Verhältnissen, um der AfD ein gefährliches Potenzial zu verleihen. Es geht hier buchstäblich um einen Kulturwandel: Die gesellschaftlichen Fortschritte der vergangenen 40 Jahre sollen zurückgedreht werden, die Gesellschaft soll gleichsam de-liberalisiert werden. Das Erschrecken darüber, dass so viele Menschen für solche Ideen zu begeistern sind, ist nicht groß genug.

> Ist es schon ein Gewinn, wenn aus Nichtwählern Wähler werden?

B Erschrecken allein war von Anfang an nicht genug, und Kontaktverbot oder Totschweigen waren von Anfang an falsch. Noch einmal: Wenn die AfD ihre

63

fremdenfeindlichen bis braunen Anteile abstößt, dann reden wir über eine nationalkonservative Partei mit einem Welt- und Gesellschaftsbild von vor 30 Jahren. Die Frage ist: Wäre diese Partei dann noch groß genug, um in die Parlamente zu gelangen?

A Hätten Sie im Jahr 1970 auch dafür votiert, dass eine Partei mit einem 30 Jahre alten Gesellschaftsbild in der Politik mitmischt?

B Nicht alles, was hinkt, ist ein Vergleich, oder? Das Gesellschafts- und Menschenbild der CDU der 80er Jahre war nicht vordemokratisch oder über die Maßen autoritär. Man muss es nicht mögen oder gemocht haben. Aber was macht ein bürgerlicher Wähler, der einfach nur möchte, dass sich seine Frau nicht entschuldigen muss, wenn sie nicht arbeiten geht, sondern ausschließlich die Familie beisammen hält und die Kinder zu Hause erzieht? Dem braunen oder rassistischen Teil der AfD fühlt sich dieser Wähler gewiss nicht zugetan, dem bürgerlichen Teil aber vielleicht mehr als der Merkel-CDU insgesamt.

A Wenn die Reise in die Vergangenheit führt, wo machen wir dann Halt? Vielleicht im Jahr 1997, als Vergewaltigung in der Ehe noch nicht strafbar war. Oder 1994, als der Schwulenparagraph 175 fiel, der auch in seiner letzten Version noch sexuelle Handlungen zwischen Männern unter Strafe stellte, wenn einer der Partner noch nicht 18 Jahre alt war. Oder gehen wir gar bis 1977, als eine Frau in Westdeutschland nur dann erwerbstätig sein durfte, »soweit dies mit ihren Pflichten in Ehe und Familie vereinbar ist«? Wo machen wir Halt? Oder allgemein: Gibt es ein Recht auf Rückschritt?

B Nicht alles, was zu einem bestimmten Zeitpunkt als gesellschaftlicher, liberaler Fortschritt bezeichnet wird, ist es auch. Auch die fortschrittliche Gesellschaft kann Fehler machen – und bricht sich nichts aus der Krone, wenn sie das korrigiert. Es war zum Beispiel richtig, dass Lehrer bald nach der antiautoritären Euphorie der 70er wieder aufhörten, sich mit ihren Schülern zu duzen.

A Das ist genau der Grund, weshalb mir die AfD solche Angst macht. Es droht die Gefahr, dass alles ins Rutschen kommt. Wollen wir jede gesellschaftliche Errungenschaft jetzt wieder auf den Prüfstand stellen? Wollen wir jede Debatte jetzt noch mal führen – nur weil ein paar Hinterwäldlern in Sachsen oder im Schwarzwald die Liberalisierung zu weit geht? Nein! Das dürfen wir nicht zulassen.

B Wer so argumentiert, zahlt ein weiteres Mal auf die populistische Suggestion der AfD ein, breite Bürgerschichten seien längst Opfer einer Verschwörung von »Gutmenschentum« und *political correctness.* Und nein, niemand will alle Debatten noch einmal neu führen, niemand will alles infrage stellen. Aber es geht nicht an, dass alles Erreichte fortan tabu ist, nur weil es erreicht ist.

A Im Rahmen eines aufgeklärten Gesprächs gerne – aber die AfD will nicht diskutieren, sondern abräumen.

B Das wird man sehen. Am wahrscheinlichsten ist doch, dass die AfD sich noch häufiger als unfähig erweist, eine Partei zu sein, also Kompromisse zu schließen und Mehrheitsbeschlüsse zu akzeptieren. »Dagegen«-Bewegungen können das nicht, Sektierer auch nicht und inbrünstig Rechtgläubige schon gar nicht. Sie haben in Wahrheit gar nicht so viel Angst vor der AfD an sich, lieber Augstein. Die meiste Angst haben Sie davor, dass die Linke ihre strukturelle Mehrheit im Land verliert.

A Ach, die Linke. Die hat doch ihr Waterloo durch den Advent der AfD bereits erlebt. Der deutsche Links-Politiker Jan Korte hat gesagt: »Es ist ein großer linker Irrglaube gewesen, dass es immer nur noch schlechter werden muss, und die Leute sagen, jetzt hoch die internationale Solidarität. Das Gegenteil ist der Fall: Je schlimmer es wird, umso stärker werden die Ressentiments, umso stärker wird die Rechte.« So ist es. Wer Angst hat, macht anderen Angst.

GELD

Tötet der Kapitalismus die Demokratie?

A Die Frage allein ist schon ein Fortschritt. Es ist nicht lange her, da hätte jemand wie Sie sich geweigert, einen solchen Gegensatz überhaupt für möglich zu halten. Das war die schlechte alte Zeit, als man den Studenten an den Universitäten noch beibrachte, dass Demokratie und Kapitalismus einander bedingen und sich gegenseitig fördern. Wir wissen inzwischen mehr: In China funktioniert der Kapitalismus immer besser ohne Demokratie. Und bei uns funktioniert die Demokratie immer schlechter wegen des Kapitalismus. Wir haben in der Bankenkrise eine Erosion der Demokratie erlebt. Und wir sind seitdem Zeugen eines enormen Vertrauensverlusts.

B Die Frage stellt sich, anders als Sie hoffen, keineswegs systembedingt, sondern nur in Extremsituationen, von denen wir zuletzt einige erlebt haben. Aber es war nicht »der« Kapitalismus, der die Demokratien vor so große Probleme stellte. Es war ein degenerierter Finanzkapriolismus, dessen gierige Elite zentrale kapitalistische Prinzipien außer Kraft gesetzt hat: vor allem jene, wonach Risiko, Gewinn und Haftung für Verluste niemals voneinander getrennt werden dürfen. Wenn einer alles einstreicht, sobald er gewinnt, aber andere zahlen lässt, wenn er verliert – dann ist er ein Parasit, kein Kapitalist.

A Ja, so spricht der Gläubige, der sich durch die Wirklichkeit nicht beirren lassen will. Vielleicht sollten Sie

69

sich daran erinnern, dass schon Marx gelehrt hat, die Geschichte des Kapitalismus ist die Geschichte seiner Krisen. »Die widerspruchsvolle Bewegung der kapitalistischen Gesellschaft macht sich dem praktischen Bourgeois am schlagendsten fühlbar in den Wechselfällen des periodischen Zyklus, den die moderne Industrie durchläuft, und deren Gipfelpunkt – die allgemeine Krise.« Steht so im *Kapital*. Kapitalismus will Effizienz. Demokratie will Gerechtigkeit. Das ist aber nicht dasselbe. Die Werte der Demokratie lassen sich nicht berechnen – die des Kapitalismus schon. Die beste aller Welten haben wir, wenn beide Systeme im Gleichgewicht zu halten sind. Seit dem Fall der Mauer ist uns dieses Gleichgewicht aber immer mehr abhanden gekommen. Die Ungleichheit nimmt zu. Und Ungleichheit ist der Tod der Demokratie.

B Die Prämisse, Demokratie und Kapitalismus stünden in tödlicher Konkurrenz zueinander, ist, höflich ausgedrückt, eine unbewiesene Behauptung der Linken. Sie ist böswillig konstruiert, um jedwede Widerrede als antidemokratisch unmöglich zu machen. Dabei spricht für das Gegenteil viel mehr; dafür, dass auf der Lichtung Platz für beide ist, weil Kapitalismus und Demokratie sehr viel gemein haben, vor allem das Menschenbild: Beide können nicht sein, ohne in ihrer Sphäre die Freiheit des Einzelnen zu garantieren. Beide setzen auf das Interesse des Einzelnen, möglichst alles, was ihn betrifft, selbst zu entscheiden und es nicht dem Kommando einer Obrigkeit zu überlassen. Menschen, die nicht umfassend frei sein wollen, würden weder Demokratie noch Kapitalismus fehlen. Aber damit wir uns richtig verstehen: Demokratie und Kapitalismus sind nicht dasselbe. Weil alle Menschen gleich viel wert sind, aber nicht gleich viel Geld haben, tun sich Widersprüche auf, die zu regeln sind. Dafür gibt es Gesetze, einen Rahmen, in dem die Politik das letzte Wort hat.

A Das mit der Freiheit des Einzelnen ist gut. Aber leider auch nicht wahr. Der ungebremste Kapitalismus vernichtet sich ja selbst. Er neigt zum Monopol. Das setzt dann alle Mechanismen des Marktes außer Kraft. Und wie gesagt, Sie sehen in China, dass Wachstum und zunehmende Prosperität auch ohne die Freiheit des Einzelnen zu haben sind. Gleichzeitig überschätzen Sie die Kräfte der Demokratie. Es gibt kein natürliches Gesetz, das die Menschen dazu treibt, nach Demokratie zu streben. Sie müssen sich bewusst dazu entschließen. Es ist eine Werte-Entscheidung, die immer wieder neu getroffen werden muss und die auch gegen Widerstände und unter Inkaufnahme von Verlusten durchgesetzt werden muss.

B Natürlich wollen die Menschen mitreden, überall. Das ist ein Naturgesetz. Alle Menschen sind zur Freiheit fähig, davon bin ich zutiefst überzeugt. Erst frei sind sie ganze Menschen und darum kann es nie und nirgendwo von Dauer sein, ihnen die Freiheit vorzuenthalten. In China würden die Menschen, denen Sie so wenig zutrauen, die korrupte Partei zum Teufel jagen, wenn man sie nur ließe. Der chinesische Kapitalismus leidet bereits an seinem mangelhaften Rahmen, nicht nur der Dreck macht die Menschen krank. Sie brauchen Demokratie, um die optimale Ordnungspolitik auszuhandeln. Die Idee dahinter nennt man Ordoliberalismus, sie ist rund 80 Jahre alt und stammt unter anderem von Walter Eucken. Weil Kapitalismus den Wettbewerb unter Gleichen, aber auch unter Ungleichen bedeutet, braucht es – banal, banal – klare Regeln. Und es braucht Instanzen, vor denen jedermann Regelverstöße anderer anzeigen kann. Kennen Sie das Buch *Why nations fail*? Es ist das beste zum Thema seit Jahren; es weist wirtschaftshistorisch nach, wie zentral faire Regeln und Instanzen für Wohlstand und Gerechtigkeit einer Gesellschaft sind. *It's the rule of law, stupid!*, würde Bill Clinton sagen. Wenn man einem Sklaventreiber den Arbeitsschutz anheim stellt und einem Monopolisten das Wettbewerbsrecht, dann darf man sich nicht wundern, wenn es weder das eine noch das andere gibt. Aber der Staat, die Demokratie, kann beides. Der Staat kann, demokratisch legitimiert, die Wirtschaft kaputt regulieren, wenn er es will. Wie viele Linksregierungen haben das nicht schon bewiesen?

A Schön zu sehen, dass Sie ein echter Idealist sind. Ich beobachte eine andere Wirklichkeit. Die Checks und Balances, auf die Sie sich verlassen, versagen in der Realität. Die Verhandlungen für das Handelsabkommen TTIP haben das doch bewiesen: Die USA beharrten darauf, die Unternehmen durch Schiedsgerichte vom Zugriff der normalen Justiz zu schützen. Da sollte eine Parallelwelt entstehen, in der für die Wirtschaft andere Regeln gelten. Wo Demokratie draufsteht, ist eben nicht notwendigerweise Demokratie drin. Demokratie ist zu einem Label geworden. Alle wollen Demokraten sein. Aber zur Demokratie gehört mehr als das allgemeine Wahlrecht. Wenn Ungleichheit die Demokratie gefährdet und Kapitalismus die Ungleichheit befördert, dann gefährdet der Kapitalismus die Demokratie. Die Wahlbeteiligung geht zurück. Politologen wissen: Je weniger jemand verdient, je schwächer sein sozialer Status, je niedriger sein Bildungsstand, desto weniger Gebrauch macht er von seinen demokratischen Rechten. Und diese Entwicklung hat sich in den vergangenen Jahren beschleunigt. Das bedeutet: Die Demokratie verliert einen Teil ihrer Bürger und zwar ausgerechnet jene, die am meisten von einem Politikwechsel profitieren würden. Das führt dazu, dass die Politik sich um die sozial Schwachen auch immer weniger kümmert. Ein Teufelskreis. Am Ende ersetzt sich die Demokratie durch die Oligarchie. In den Vereinigten Staaten ist man damit schon weit gekommen.

> Die Checks und Balances, auf die Sie sich verlassen, versagen in der Realität.

B Demokratie, Staat und Politik können dem Kapitalismus Schranken setzen, weil sie so verfasst sind. Aus demselben Grund können sie – gleichsam per Definition – auch den Zerfall einer Gesellschaft stoppen, wenn das wirklich einmal Auswuchs von Kapitalismus sein sollte. Aber das ist ja gar nicht der Fall: Unter den zehn ungleichsten Staaten der Welt – nach Vermögensverteilung – befinden sich fünf gut funktionierende Demokratien: USA, Großbritannien, Deutschland, Schweden und Österreich. Und es sind ebenso viele Schwellenländer mit, vorsichtig ausgedrückt, unterschiedlichen Reifegraden von Demokratie darunter: Indonesien, Kolumbien, Chile, Brasilien, Mexiko. Wie soll dieses bunte Feld den direkten Zusammenhang zwischen wachsender

Ungleichheit und sterbender Demokratie belegen? Die Erhard'sche und Müller-Armack'sche Soziale Marktwirtschaft hielt die bundesdeutsche Gesellschaft zusammen, weil sie »Wohlstand für alle« verhieß und lieferte. Wohlgemerkt: nicht gleichen Wohlstand für alle, das versuchten die Irren auf der Ostseite des Zauns, sondern jedem ein Mehr an Wohlstand, ein individuelles Wohlstandsplus. Diese Durchlässigkeit einer Gesellschaft hält sie zusammen. Sie wird also nicht vom Kapitalismus zersetzt, sondern zusammengehalten, wenn das Wachstum allen zugutekommt. Gerade das war zuletzt der Fall: Rekordbeschäftigung und Rekorderhöhungen bei Löhnen, Gehältern und Renten. Die Vermögen dagegen sind zwischen 2003 bis 2013 real um 15 Prozent geschrumpft, vor allem wegen gefallener Hauspreise. Das müsste Sie doch freuen.

A Wir können uns Statistiken um die Ohren hauen, bis es qualmt. Tatsache ist, dass die soziale Ungleichheit in Deutschland rasant zugenommen hat und dass gleichzeitig die soziale Durchlässigkeit immer noch so schlecht ist wie vor zwanzig Jahren. Man bleibt, was man ist. Es gibt ein neues Dienstleistungsproletariat in Deutschland. Das sind die Leute, die die Pakete packen, die in der Auslieferung arbeiten, die Häuser und Züge reinigen, in den Supermärkten die Regale füllen und an der Kasse sitzen. Sie arbeiten vierzig, fünfzig Stunden die Woche und bekommen dafür 900 Euro, vielleicht 1100. Sie machen den anderen das Leben leichter, jenen, die in der globalisierten Wirtschaft mithalten können. Aber sie selbst haben nichts von der Globalisierung. In Deutschland sind das zwölf bis fünfzehn Prozent der Beschäftigten, fünf, sechs Millionen Menschen.

Dazu kommen noch die Leute, die von den Soziologen die »Verbitterten« genannt werden. Leute, die trotz guter Bildungsvoraussetzungen und hoher Leistungsbereitschaft irgendwo hängen geblieben sind. Sie genießen zwar einen prekären Wohlstand, aber können sich nicht recht daran freuen, weil sie ihn dauernd gefährdet wissen. Das sind noch einmal zehn Prozent. Gemeinsam mit der neuen Unterschicht reden wir von zehn Millionen Menschen, die sich von Kapitalismus und Demokratie im Stich gelassen fühlen. Sie stehen bereit für das, was Heinz Bude mal die »Koalitionen der Angst« genannt hat. Gefährlich für unser Land.

B Stimmt es wirklich, dass für das untere Viertel der Gesellschaft keine Politik mehr gemacht wird? Oder stimmt nur, dass dieser Teil sich selber abgekoppelt hat? Das ist keine Wortklauberei, es geht um unser beider Menschen- und Politikbild. Was schuldet die Gesellschaft dem Einzelnen und was der Einzelne der Gesellschaft? In welchem Maße ist jeder seines eigenes Glückes Schmied – und ab wann Opfer der Umstände oder böser Mächte? Ich will das gar nicht abstrakt definieren, aber an ein paar Punkten kann man nicht vorbeischauen: Die umverteilenden Sozialausgaben lagen noch nie so hoch wie heute,

Stimmt es wirklich, dass für das untere Viertel der Gesellschaft keine Politik mehr gemacht wird?

und ins obere Viertel der Gesellschaft fließen sie nicht. Die Chancen auf Dabeisein sind so gut wie lange nicht, weil die Chancen auf Vollzeitarbeit so gut sind wie lange nicht. Und ja, es gibt die Bringschuld der Politiker, Politik für alle zu machen, für die Schwachen zumal. Aber es gibt zugleich eine Holschuld aller Bürger, auch der Schwachen. Wer sich partout nicht erreichen lassen will, der verwirkt einen Teil seines Anspruches auf Ansprache. Noch einmal: Die Politik muss gewährleisten, dass dazugehört und aufsteigt, wer es will und vermag. Der wahre Skandal im Land ist darum nicht die ungleiche Verteilung von Vermögen. Sondern dass es nach über 40 Jahren progressiv genannter Bildungs- und Sozialpolitik mehr denn je vom Geldbeutel der Eltern abhängt, was aus ihren Kindern wird. Die Ergebnisse der durch und durch SPD-geprägten Gesellschaftspolitik sind beschämend.

A Das Wahlparadox ist uralt: Rein rational lässt sich nicht erklären, warum einer wählen geht, obwohl seine Stimme keinen messbaren Einfluss auf das Ergebnis hat. Die Leute tun es, weil es zu ihrer bürgerlichen Identität gehört – oder eben nicht. Aber unsere Gesellschaft erzieht ihre Mitglieder falsch. Es werden die falschen Anreize gegeben. Ein engagierter Bürger zu sein, ist gar kein erstrebenswertes Ziel in einer Gesellschaft, die dem Gott der Privatisierung huldigt. Sie sind doch ein durch und durch bürgerlicher Mensch. Und dennoch verteidigen Sie ein System, das die Grundlagen der Kultur zerstört, an der Sie selber hängen. Die Leute steigen aus diesem System aus – aber ohne Bürger funktioniert die Demokratie nun mal nicht.

B »Dem Gott der Privatisierung huldigt ...«, aua. Ich sage: Bürger, die aussteigen, sind keine. Skalierten Bürgerstolz nach privater Kassenlage gibt es nicht. Alle Bürger haben ihren Stolz, auch wenn sie nicht gleich

viel Geld haben. Damit eine demokratische Gesellschaft von materiell Ungleichen nicht auseinander-
fliegt, gibt es eine bürgerliche Pflicht, Ungleichheit zu
ertragen, solange sie nicht obszön oder zementiert ist.
Ebenso gibt es eine bürgerliche Pflicht, etwas für das
eigene Fortkommen zu tun: Wer Schule oder Ausbildung ohne triftigen Grund abbricht, kann es weder
einem Politikversagen noch einem vermeintlich wild
gewordenen Kapitalismus anlasten, wenn er ohne Job
und Aussichten bleibt. Laut Statistischem Bundesamt
waren 2005 16,9 Prozent (7,6 Millionen) aller Beschäftigten ohne Berufsabschluss, also »niedrig qualifiziert«.
Im Jahr 2014 waren es 13,1 Prozent (5,9 Millionen). Wer
jedoch weiterhin zu den niedrig Qualifizierten gehört,
dessen Armutsrisiko hat sich in derselben Zeit deutlich
erhöht. Risiko und Haftung liegen beieinander, das ist
fair. Das ist Marktwirtschaft.

A Ja, das könnte Ihnen so passen. Dass die Leute hübsch
demokratisch bleiben, die Fassade wahren und den Ge-
schäften der Eliten eine demokratische Legitimation
verleihen. Das machen die Leute aber nicht. Es waren
die Eliten, die zuerst den Konsens aufgekündigt haben,
die herausgefunden haben, dass in einer globalisierten
Welt keine Rücksicht mehr genommen werden muss.
Aber an den Rändern ribbelt das System dann auf. Bei
uns ist die AfD ein Zeichen dafür. In den USA war es der
vollkommen unerwartete und geradezu surreal anmu-
tende Erfolg des Kandidaten Donald Trump. Das sind
die populären Schwarzmarktfantasien, die dann auf-
blühen, von denen Oskar Negt einmal gesprochen hat.

Wir haben die Soziale Marktwirtschaft, den *European way of* Kapitalismus: Der Wettbewerb ist nicht gnadenlos, der Sozialstaat nimmt sich der Glücklosen und Gescheiterten an. Gleichwohl ist Deutschland eine Leistungsgesellschaft: Lohn und Leistung gehören zusammen, Risiko und Haftung ebenso. Man muss viel gewinnen dürfen, aber auch viel verlieren können.

Lohn nur für Leistung, hilfsweise für den Willen dazu oder wenigstens den Versuch: So lautete auch das Leitmotiv der Agenda 2010, mehr als zehn Jahre ist das her – und es war richtig. Es hat das Dasein am unteren Ende der sozialen Skala härter gemacht, aber, *fair enough*, wer von der Allgemeinheit alimentiert wird, der schuldet dieser Allgemeinheit etwas: Leistung und Disziplin, so gut er vermag, weshalb Nichtleistung oder Verweigerung Folgen haben.

Umso mehr stinkt zum Himmel, dass gerade jene sich an den Prinzipien dieser Ordnung vergehen, die auf ihrer Sonnenseite stehen.

Jüngst beharrten zum Beispiel mehrere Vorstände des Volkswagen-Konzerns auf ihren Bonuszahlungen, obwohl sie den Beinahe-Untergang ihres Unternehmens im Abgas-Skandal zu verantworten hatten. Und sie kamen durch damit: Millionen für Nichtleistung. Das dementiert die Soziale Marktwirtschaft, das verhöhnt sie, gerade in der globalisierten Welt der Konzerne.

Wie viel Anstand haben die Bosse?
Augstein

Lieber Leser, ich wende mich ausnahmsweise direkt an Sie. Wenn Sie Blomes Text über die Boni der Bosse lesen, erfahren Sie mehr über das Denken unserer Konservativen, als Ihnen lieb sein kann.

Blome ist echt entsetzt. Das glaube ich ihm sogar. Er findet, der Sinn eines »Bonus« bestehe darin, gute Leistung zu belohnen. Und er findet, es sei keine gute Leistung, wenn VW wegen der Diesel-Betrügereien plötzlich so schlecht da steht. Also sind die Bonis für die VW-Bosse unanständig. Blome glaubt an den anständigen Kapitalismus. Das zeigt, dass er den zeitgenössischen Kapitalismus nicht verstanden hat. Der pfeift nämlich auf den Anstand, und auf das Leistungsprinzip pfeift er auch.

Kapitalismus ist längst eine durch und durch unbürgerliche Angelegenheit. Darum kann eine bürgerliche Linke wie Sahra Wagenknecht auch dauernd den Erfinder der Sozialen Marktwirtschaft Ludwig Erhard lobend zitieren. Die Soziale Marktwirtschaft wäre heute eine Revolution in Deutschland.

Der moderne Kapitalist hält es eher mit dem Piraten Jack Sparrow: »Nimm, was du kriegen kannst, und gib nichts zurück.«

Es gibt nur einen Grund dafür, dass die VW-Bosse sich die Boni genehmigen: weil sie es können. Niemand hindert sie. Die Aktionäre nicht. Die Politik nicht. Die Beschäftigten nicht.

Legal mögen die Boni sein, vertraglich abgesichert und gerichtsfest. Aber sie sind unanständig, und, ja, das ist ein marktwirtschaftlicher Maßstab. Anstand und Fairness sind relevante Kategorien im Wettbewerb, weshalb die Soziale Marktwirtschaft unfaire Praktiken zwischen Firmen unter Strafe stellt. Sie tut es um ihrer selbst willen, aus Selbsterhaltung. Denn die Soziale Marktwirtschaft ist auch eine Gesellschaftsordnung, sie wird nicht von Gesetzen allein zusammengehalten. Damit sie das Miteinander der Menschen zum Wohle aller organisieren kann, müssen alle etwas mitbringen: Anstand, Fairness, manchmal auch Mäßigung. Oben wie Unten, Reich wie Arm.

Wie ein Mann sollten die Chefs der großen deutschen Unternehmen und Verbände deshalb aufstehen und sagen: Wir ächten diese Boni für Vorstandsversager, ob bei VW, den Großbanken oder sonstwo. Wir grenzen uns ab, so sind wir nicht. Aber die Chefs drücken sich in ihr Schweigen und halten es für Solidarität unter ihresgleichen. Sie sind eine Schande für die Soziale Marktwirtschaft, keiner von ihnen sollte je noch den Namen Ludwig Erhards in den Mund nehmen dürfen.

Die Boni-Affäre deutet auf ein großes Missverständnis hin: Es geht beim Kapitalismus nicht um Effizienz. Sondern um Profit. Um es anders auszudrücken: Blome glaubt, hier handele es sich um einen Fehler im System. In Wahrheit ist das System selbst der Fehler.

A

Eine mit Doktortitel wird besser bezahlt als eine ohne. Der durchschnittliche Bruttostundenverdienst von Frauen liegt um gut 20 Prozent niedriger als der von Männern. In Hessen bekommt man im Schnitt 20 000 Euro pro Jahr mehr Gehalt als in Sachsen-Anhalt. Und sonntags fährt die Straßenbahn schneller als bergab.

Sachen gibt es.

An die Straßenbahnen, die Doktores und die Hessen hat man sich gewöhnt. Den *gender pay gap* einzuebnen, ist dagegen offizieller Regierungswunsch – und Symbolpolitik der übelsten Sorte.

Hierzulande sind gut acht von zehn Reinigungskräften, vulgo: Putzfrauen, Frauen. Zwei Drittel aller Beschäftigten im Erziehungswesen sind Frauen. In besser zahlende Branchen streben Frauen dagegen unterdurchschnittlich. Das macht, man ahnt es, etwas mit ihrem Durchschnittsgehalt.

Werden diese Umstände eingerechnet, schrumpft der Verdienstunterschied von gut zwanzig auf sieben Prozent. Politische Kampftage wie der des *equal pay day* werden dennoch an der Zwanzig-Prozent-Zahl orientiert. Das ist Rosstäuscherei.

Betrachtet man nun die einzig relevante Kennziffer, nämlich die Bezahlung bei formal gleicher Qualifikation und Tätigkeit, sticht etwas anderes hervor: Viele Frauen fallen im Laufe der Zeit wegen Schwangerschaften und

Darf man Frauen schlechter bezahlen als Männer?
Augstein

Lesen Sie den Artikel des Kollegen Blome. Dann wissen Sie, warum *equal pay* notwendig ist. Er will Sie vom Gegenteil überzeugen – aber sein Text ist das beste Argument gegen sich selbst. *Equal pay* – das bedeutet gleiche Bezahlung. Das ist ein Ziel der Frauenbewegung seit langer Zeit. Bedeutet es, dass alle Frauen genauso viel verdienen sollen wie alle Männer? Nein. Nicht mal alle Männer verdienen genauso viel wie alle Männer. Es handelt sich hier um eine politische Forderung. Nicht um die Bedienungsanleitung für einen Toaster.

Es ist paradox: Wer die Einkommensunterschiede zwischen Männer und Frauen rechtfertigt – wie der Kollege Blome –, tut das genau mit den Argumenten, die dafür sprechen, gegen solche Unterschiede vorzugehen. Dass Frauen in Deutschland im Schnitt etwa 20 Prozent weniger verdienen als Männer, wird also damit begründet, dass sie schlechtere Ausbildungen haben, in schlechter bezahlten Berufen beschäftigt sind und wegen der Kinder weniger arbeiten. Ganz genau. Aber das ist kein Grund – das ist das Problem.

Natürlich gibt es auch die Fälle, in denen Frauen für genau dieselbe Arbeit weniger Geld erhalten als Männer. Manchmal sind die Unterschiede so groß wie in einer Karikatur. Etwa im Fußball. Ein männlicher Bundesligaprofi erhält im Durchschnitt eine Million im Jahr, eine Frauenfußballerin 800 Euro im Monat. Das ist ein starkes

B Erziehungszeiten bei den Dienstjahren hinter ihre männlichen Kollegen zurück – und weniger Dienstjahre heißt in Deutschland meist auch niedrigere Entlohnung. Verantwortlich für den Sieben-Prozent-Unterschied sind also geschlechtsgebunde Umstände (Kinderkriegen) und jene Tarifverträge, die in Deutschland Alter und Berufsjahre als Parameter für Bezahlung oder Eingruppierung einbeziehen.

Wer will, mag beides beklagen: die sehr einseitige Verteilung von Gebärfähigkeit auf die Geschlechter sowie die Tarifverträge, die Gewerkschaften und Arbeitgeberverbände vereinbart haben. Aber weder das eine noch das andere kann der Staat kann ändern.

Zwei SPD-Ministerinnen sehen das allen Ernstes anders und planen ein Gesetz, das nässendem Schwachsinn nahekommt. Demnach soll künftig jeder Angestellte voneinem anderen mit gleicher Tätigkeit in Erfahrung bringen können, wie viel er im Monat verdient. Wer einmal längere Zeit in einem Büro zugebracht hat, weiß: Im Vergleich dazu ist es eine richtig smarte Idee, offenes Feuer in die Pulverkammer zu tragen.

Kurzum: Damit ein Sieben-Prozent-Problem vermeintlich gelöst wird, nimmt man eine 100-Prozent-Garantie für Unfrieden und Neid in Kauf. Darauf können, Entschuldigung, wirklich nur SozialdemokratInnen kommen.

Symbol dafür, wie unterschiedlich männliche und weibliche Leistungen in unserer Gesellschaft bewertet werden. Jenseits solcher sichtbaren Höhen, in den Niederungen des Alltags, ist es eine schlichte Sauerei, wenn im gleichen Betrieb auf dem gleichen Posten Männer besser bezahlt werden als Frauen.

Aber in Wahrheit wichtiger ist die strukturelle Ungleichheit – die Tatsache, dass Frauen gar nicht erst in solche Positionen kommen, in denen ein Vergleich mit männlichen Einkommen überhaupt Sinn macht. Wer das auf die Ausstattung mit Gebärfähigkeit zurückführt, hat die soziale Bedingtheit der Geschlechterrollen immer noch nicht begriffen.

In Norwegen sind 40 von 100 Vorstandsmitgliedern Frauen, in Deutschland sechs. Auch bei den weiblichen Führungskräften der zweiten Ebene steht Deutschland mit 14 Prozent vergleichsweise schlecht da. Das ist kein Naturgesetz. Dahinter verbirgt sich ein gesellschaftlicher Wille: Deutschland ist, Angela Merkel hin oder her, in der Tiefe eine patriarchalische Gesellschaft geblieben. Dagegen hilft nicht Reden und kein guter Wille – dagegen hilft nur Politik.

Von wegen der Feminismus habe sich überlebt – in Wahrheit stehen wir ganz am Anfang.

War der Euro ein Fehler?

A Helmut Kohl war ein bedeutender Kanzler!

B Sie wollen mich in die Falle locken …

A Nein, im Ernst. Er wird der Kanzler der Einheit genannt und alle denken dabei an die deutsche Einheit. Aber die hätte es im Ernst auch ohne ihn gegeben. Viel wichtiger ist aber die europäische. Der Euro ist das größte Werk der Grenzüberwindung und Völkerverständigung der europäischen Geschichte. Kohl war ein Grenzüberwinder. Einer Integrations-Analphabetin wie Angela Merkel wäre das nicht geglückt.

B Der Euro ist ein großes, starkes, klares Projekt, eine Vision, wo doch immer nach Visionen gerufen wird. Aber so schrecklich viele in Europa, Linke wie Rechte, haben nicht begriffen, was der Euro bedeutet. Sie sagen Grenzüberwindung, ja, stimmt, aber eben auch Korsett und Verlust bestimmter nationaler Optionen wie das süchtig machende Spiel mit dem Währungs-Wechselkurs. Der Euro wurde Anfang der 90er Jahre beschlossen, 2002 hat er als Zahlungsmittel die D-Mark abgelöst – und wir streiten uns weiter über die Frage, welche Wirtschafts- und Finanzpolitik die richtige in einem gemeinsamen Währungsraum ist. Dabei liegt offen zutage: Die eigene Wirtschaft und Gesellschaft regelmäßig zu trimmen und wettbewerbsfähig zu machen, ist der Mitgliedsbeitrag im Euroclub. Aber selbst ein so großes Land wie Frankreich, das so sehr profitiert vom Euro, will das nicht wahrhaben.

A Der Euro entspricht der französischen Logik, zuerst die gemeinsame Währung und dann das gemeinsame Europa zu bauen. Jacques Rueff, der spätere Währungsberater von de Gaulle, sagte 1949: »L'europe se fera par la monnaie ou ne se fera pas.« Das war damals so richtig wie heute. Darum war der Schritt von Kohl und Mitterrand so mutig und weitreichend. Aber ganz Europa hinkt immer noch hinterher – übrigens auch die Deutschen selbst. Wir sehen uns selbst als Musterbeispiel und Vorbild für die Währungsintegration. Falsch. Wir erheben den Anspruch, für den Kontinent den Kurs in der Wirtschafts- und Finanzpolitik vorzugeben. Das ist aber mit Integration nicht gemeint. Das wäre auch keine Demokratie, sondern Dominanz. Europa als Ganzes muss über die richtige Politik befinden.

B Immerhin, es ist ein Fortschritt, wenn wir inzwischen voraussetzen, dass die Mitgliedstaaten nicht allzu weit auseinanderstreben dürfen mit ihrer nationalen Politik. Bis zur Finanz- und Schuldenkrise war das anders: Da hat jede Euroregierung für sich agiert, ohne nach links oder rechts über die Grenzen zu schauen. Es fehlten – in Widerspruch zu allen Ankündigungen – wirksame Koordinierung und Gleichklang. Die Deutschen selbst haben Anfang der Nullerjahre den Eurostabilitätspakt außer Kraft gesetzt, als sie ihn nicht einhalten wollten. Erst als bestimmte Eurostaaten ihre internationale Kreditwürdigkeit verspielt hatten, ist der Euro zu einer Gemeinschaftswährung geworden – um den Preis einer existenzbedrohenden Krise. Heute schaut jeder dem anderen auf die Finger, weil er womöglich bald schon für ihn haften muss. Da ist es naheliegend, dass der, der am meisten haftet und die besten Ergebnisse vorweisen kann, auch das meiste zu sagen hat.

A So hat Europa bislang nicht funktioniert. Aus gutem Grund. So ginge es nämlich kaputt. Für die Währungspolitik gilt das gleiche wie für andere Politikbereiche: An der unkontrollierten Dominanz des stärksten Landes würde Europa zerbrechen. In der Bundesrepublik entscheiden auch nicht Bayern und Baden-Württemberg über den Kurs der Wirtschaftspolitik, obwohl sie die mit Abstand zahlungskräftigsten Länder sind.

B In den heißen Phasen seit 2010 wurde über die Grenzen hinweg gestritten, sich eingemischt, sich interessiert, das war großes, paneuropäisches Kino – der Probelauf für einen *demos*. Aber Vorsicht: Man sollte die Eurokrise nicht zum Vorwand nehmen, den Europäischen Bundesstaat herbeizuzwingen, in dem die Deutschen per Mehrheitsbeschluss verdonnert werden zu zahlen, so wie die Bayern und die Hessen in der Bundesrepublik zu zahlen haben. So etwas mag ganz am Ende des Weges stehen, aber derzeit kann man damit nur an den Realitäten und an den Bürgern scheitern. Was also machen wir in der Zwischenzeit? Mein Vorschlag: Wir versuchen es mit den Grundrechenarten. Jedes Mitgliedsland ist theoretisch frei, wirtschafts- und finanzpolitisch zu machen, was es will, auch den dümmsten Quatsch. Aber es darf erstens nicht jammern, wenn es ökonomisch zurückfällt. Und es darf zweitens nicht zum Kostgänger der anderen werden, da hört die Freiheit nämlich auf, weil sie die Freiheit der anderen tangiert.

A Ihre Voraussetzung stimmt nicht. In dem Augenblick, da wir alle gemeinsam den Euro gegründet haben, hörten wir auf, voneinander unabhängige Länder zu sein, die mehr oder weniger locker zusammenarbeiten. Es steht uns gar nicht mehr frei, dem anderen Hilfe zu verweigern. Wir befinden uns längst in einem Netz der gegenseitigen Abhängigkeit und Verpflichtung, und über die Regeln können wir nicht allein befinden. Es ist schlicht nicht so, dass irgendein »anderer« uns um Geld bittet. Es gibt diese Unterscheidung nicht mehr, Franzosen, Griechen, Spanier, Italiener, Deutsche – vor dem Euro sind wir alle gleich.

B Ich verstehe, was Sie sagen wollen, aber Sie irren: Nein, vor dem Euro sind nicht alle gleich, weil sie sich nicht gleich verhalten. Die einen nehmen die Logik einer Gemeinschaftswährung an, machen sich die Vorteile zu eigen und kommen mit dem Korsetthaften des Euro gut klar. Für andere ist er wie eine Rettungsweste aus Blei. Die Schuldenkrise hat am Beispiel Griechenlands gelehrt: Nicht der Euro frisst die Demokratie auf, die Schulden tun es. Ein Land, das die anderen über Wasser halten, muss diesen ein Mitspracherecht einräumen, so wie in jeder Beziehung von Gläubiger und Schuldner üblich. Heißt: Wer weitgehend ohne Schulden auskommt, ist auf dem richtigen Weg, auf dem alle folgen sollten. Nach Lage der Dinge ist das der deutsche Weg, der Weg der meisten nördlichen Staaten. Diese Länder haben mit Hilfskrediten und Rettungsschirmen den Euro gerettet – ihren Euro. Und nicht das, was die Schuldenhallodris darunter verstehen.

A Die Deutschen sind nicht besser. Wir entziehen uns dem Anpassungsdruck ebenso wie die anderen – wir machen es nur geschickter. Auch Deutschland hat sich verpflichtet, für ein außenwirtschaftliches Gleichgewicht einzutreten. Das ignorieren wir geflissentlich und produzieren einen Überschuss nach dem nächsten. Aber unser Überschuss muss notwendigerweise die Schuld der anderen sein – auch das gehört zu den Grundrechenarten.

B Der Außenhandelsüberschuss Deutschlands gegenüber den anderen Eurostaaten sinkt seit Jahren, wir machen unseren Überschuss überwiegend mit außereuropäischen Staaten. Aber selbst wenn: Der Euro soll ja den Wettbewerb anheizen, weil es am Ende allen nutzt. Man stelle sich andersherum vor, während der Griechenlandkrise hätte Deutschland noch fünf Millionen Arbeitslose und Haushaltsdefizite gehabt wie 2005 – die Öffentlichkeit hätte die Hilfspakete in der Luft zerrissen, der Bundestag hätte rebelliert. *Let's face it*, der Euro ist wie Röntgen, er macht jede Volkswirtschaft und jede Gesellschaft durchsichtig. Er macht es unmöglich, die eigene Wettbewerbsschwäche durch Abwertung zu verschleiern und politisch zu ignorieren. Damit kommt das »lateinische Europa« immer noch nicht klar, und es war übrigens ein Italiener, der diese Stereotype in einem Essay 2013 neu belebt hat. Als Gegenkonzept zum vermeintlich protestantisch-pietistischen Norden.

A Sie reden so nüchtern von Zahlen und Wettbewerb. In Wahrheit geht es um Werte. Um die Frage, in welcher Gesellschaft wir leben wollen. Was ist uns wichtig? Die

Deutschen haben diese Frage für sich selbst beantwortet: weniger Staat, mehr soziale Ungleichheit, niedrigere Löhne. Ich bezweifele, dass sie das glücklich macht. Aber sie sind dabei, ihre Antwort zur allgemeingültigen in Europa zu erklären. Europa hat darüber aber nie debattiert. Das stand nie zur Wahl. So wie die Deutschen den Euro führen, spaltet die gemeinsame Währung den Kontinent. Das ist eine Katastrophe – und wir tragen dafür die Verantwortung.

B Wer die Hitze nicht verträgt, soll aus der Küche wegbleiben. Früher war Europapolitik Außenpolitik, und die Herren Diplomaten trugen Glacéhandschuhe. Heute sind der Euro und Europa wie Innenpolitik, das ist ein riesengroßer Integrationsschritt ganz ohne Vertragsänderung oder Verfassungskonvent. In der Innenpolitik geht es allerdings ruppiger zu als unter Diplomaten. Europa kann das ab. Europa wird gerade erwachsen.

Heute ist der Euro Innenpolitik.

A Ist das so? Überall sind die Rechtspopulisten auf dem Vormarsch.

B Ja, aber woran liegt das? Am Euro und was er an Zwängen durchaus bringen kann? Oder daran, dass etwa in Frankreich drei Staatspräsidenten sich nicht an die objektiv überkommenen Strukturen ihres Landes getraut haben – die 35-Stunden-Woche wird, wenn überhaupt, erst jetzt langsam demontiert. Chirac, Sarkozy, Hollande, alle drei haben den Niedergang der Grande Nation geschehen lassen. Jetzt sind die Franzosen so weit, dass sie Auferstehung nur noch von einer völkischen Anti-Establishment-Partei erwarten, vom Front National. Aber auch der Front National müsste auf diesem Planeten regieren, ob mit oder ohne Euro, ob mit oder ohne EU-Binnenmarkt. Auch der Front National müsste einen funktionierenden, effizienten Staat zu Wege bringen, ausgeglichene Haushalte, ein bezahlbares Sozialsystem und faire Löhne, die den Unternehmen genug Gewinn für Investitionen lassen. Die nationalkonservativen Regierungen in Polen und Ungarn machen übrigens genau diese Politik, ganz gleich, ob sie in Wahrheit Europa hassen oder nicht. Denn diese Politik ist nicht deutsch oder brüsselisch oder sonstwas. Sie ist global und vernünftig wie die Grundrechenarten oder ein Taschenrechner.

A Sie nennen es Vernunft, ich nenne es Ideologie. Noch einmal: Die Deutschen können nicht die Regeln für den ganzen Kontinent bestimmen. Übrigens funktioniert es ja auch nicht. Das sieht man an den Zinsen. Die sind so niedrig wie nie. Viel niedriger als sie aus deutscher Sicht sein müssten. Die Zentralbank macht Politik – weil niemand sonst den Job übernehmen kann. Und die Deutschen gucken in die Zins-Röhre und ärgern sich. Sie sind es gewohnt, ihr Geld im Sparbuch anzulegen und das soll gefälligst Zinsen bringen. Den Weg auf den Aktienmarkt will sich der Deutsche nicht zumuten – mach mich reich, aber mach mich nicht nass. Tolle Kapitalisten sind wir! Geld ist ein politisches Medium, das versteht man in Frankreich und Italien seit jeher besser als in Deutschland, wo in den VWL-Türmen von finanzpolitischer Neutralität geträumt wird. Nach dem Wortlaut der EU-Verträge darf die EZB keine Politik machen

> Noch einmal: Die Deutschen können nicht die Regeln für den ganzen Kontinent bestimmen.

dürfen. Aber sie muss Politik machen – weil niemand sonst den Job erledigt. Das ist der Konstruktionsfehler des Euro: Gemeinsame Wirtschaftspolitik und Finanzausgleich sind nicht vorgesehen. Die braucht es aber in einem einheitlichen Wirtschafts-, Währungs- und Lebensraum. Die EZB füllte die Lücke.

B Ja, derzeit hält die EZB den Laden zusammen, schlimm genug. Sie flutet den Wirtschaftsraum mit billigem Geld, was einem Teil der Eurozone gut tun mag. Aber Deutschland mit seiner brummenden Wirtschaft bräuchte die extrem niedrigen Zinsen nicht, im Gegenteil. Bei uns schlagen die negativen Effekte durch, zum Beispiel für die – zugegeben – ziemlich trägen deutschen Sparer. Rund 125 Milliarden Euro haben sie in den Jahren der Null-Zins-Politik verloren. Aber die EZB unter Mario Draghi kauft den Reformzauderern nur Zeit, keine Lösung. Auf Dauer führt nichts daran vorbei, eine wettbewerbsfähige Wirtschaft und einen Staat zu haben, der mit seinen Einnahmen ohne Schulden auskommt. Wenn alle diese einfache Regel befolgen, braucht es bis auf Weiteres keine staatlichen Elemente in der Eurozone. Und wer es nicht schafft, diese Regel zu befolgen, den kann auch Super-Mario nicht ewig retten. Der muss raus aus dem Euro.

A An all dem sehen Sie, dass die Währungsunion nur halb fertig ist. Wir müssen den ganzen Weg gehen. Geld ist politisch, das hat man in Frankreich immer besser verstanden als in Deutschland. Wer das Geld zur Gemeinschaftssache macht, muss das auch mit der Politik machen. Auf Dauer wird es so, wie es jetzt ist, nicht gehen. Sie glauben, wenn sich alle an die Regeln halten, könne man eine gemeinsame Währung auch ohne gemeinsamen Staat haben. In einer idealen Welt stimmt das. In der Realität nicht. Darum lautet die Alternative: mehr Gemeinschaft oder der Euro ist am Ende.

B Mit »mehr Gemeinschaft« meinen Sie ja sicherlich auch, die Schulden aller Eurostaaten in einen Topf zu tun und gemeinsam dafür zu zahlen bzw. zu haften. Aber das ginge überhaupt erst dann, wenn klar ist, ob der Euro im Kern taschenrechner-deutsch sein soll oder lateinisch-politisch. Wenn unter allen Einigkeit darüber herrscht, ob Schulden in der Regel gut oder egal oder schlecht sind. Man erinnere sich an die Zeit, als die Staaten sich für den Euro qualifizieren mussten: Da gingen die nationalen Politiken sehr rasch in einen gemeinsamen Korridor, um die Kriterien für eine Mitgliedschaft zu erfüllen. Leider strebten sie, einmal im Euro drin, ziemlich schnell auch wieder auseinander. Mehr Gemeinschaft, muss die Devise lauten, richtig. Vielleicht heißt das: weniger Mitglieder. Für Griechenland zum Beispiel, wie es ist und vielleicht auch bleiben will, ist der Euro das falsche Konzept. Aber die EU ist gefangen in ihrem Gründungsmythos: je größer, umso besser für Europa. Wachsen, bloß wachsen und bloß nie eine Erweiterung oder eine Vertiefung rückgängig machen. Dieser Mythos ist heute eine Lebenslüge; der Brexit beweist es. Vorwärts immer, rückwärts nimmer – das riecht nach Trabbis und Erich Honecker.

A Griechenland ist das beste Beispiel für eine vollkommen verblendete und schädliche deutsche Wirtschaftsideologie. Der IMF macht seine Beteiligung an der Griechenrettung davon abhängig, dass die Eurozone den

Griechen einen großen Teil ihrer Schulden erlässt – und zwar aus wirtschaftlicher Vernunft heraus. Wer ist dagegen? Die Betonkopf-Deutschen mit ihrem Dogma, dass auf Schulden auch Sühne folgen muss. Ein ganzes Land wurde auf diese Weise in den sozialen Abgrund getrieben.

B Das ist der springende Punkt: Erlassen wir Griechenland immer wieder neu die Schulden, oder bringen wir Griechenland mit sanfter Gewalt zu einem Wirtschaftswachstum, das die Last der Schulden mindert? Selbst Ihnen, lieber Augstein, müsste klar sein, dass nur einer der beiden Wege zum Ziel führt. Der Euro ist ein Erziehungsprojekt, und nach der Lage der Dinge sind es die Südeuropäer, die etwas lernen müssen. Das gelingt, wenn Deutschland sich nicht irre machen lässt und Frankreich wieder die Brücke zwischen Norden und Süden sein will – nicht bloß der Anführer der 2. Liga.

A Wenn Europa erzogen werden muss, dann von sich selbst. Die Deutschen sind als Zuchtmeister nicht willkommen. Aber das letzte Wort soll Angela Merkel haben: Scheitert der Euro, scheitert Europa.

MORAL

Verliert die Mitte das Maß?

A Wir stecken mitten in einem Kulturwandel. Die große Rechtsverschiebung hat begonnen. Das betrifft nicht nur Deutschland oder Europa – es betrifft die ganze Welt. Kein Wunder – es handelt sich ja auch um ein Symptom der Krise des globalisierten Kapitalismus. Die Auswirkungen sind nicht überall dieselben. In Deutschland bedeutet es, dass die politische Mitte schwindet. In Europa bedeutet es, dass der Begriff Demokratie zu verschwimmen beginnt. Alle möglichen Staaten und Systeme nennen sich heute Demokratie und haben in Wahrheit immer weniger damit zu tun. Die »illiberale Demokratie«, von der Viktor Orbán in Ungarn spricht, breitet sich aus. Vielleicht wird sie das, was wir unter Demokratie verstehen, bald ersetzt haben.

B Es ist zu einfach, allein die Osteuropäer an den Pranger zu stellen – auch wenn sie da hundertmal hingehören. Frankreich, Großbritannien, Österreich und die Niederlande, Kernländer Europas, sind ähnlich anfechtbar für rechtspopulistische Verführer. Eines ist aber ganz wichtig für die Einordnung: Es geschieht in jedem Land aus einem anderen, meist sehr spezifisch nationalen Grund.

A Nein – die Ausprägungen sind unterschiedlich. Die Krankheit ist immer dieselbe: Die liberale westliche Gesellschaft ist in die Krise geraten. Sie kann ihre Versprechen nicht mehr erfüllen. Der französische

Konservative Philippe Séguin hat gesagt: »Dort, wo die Demokratie existiert, wird immer weniger entschieden und umgekehrt, dort, wo immer mehr entschieden wird, ist keine Demokratie mehr.« Es ist plötzlich Raum für Alternativen entstanden. Das hatte man so nicht für möglich gehalten nach dem Zusammenbruch des autoritären Sozialismus. Leider handelt es sich bei diesen Alternativen nicht um progressive, linke, sondern um regressive, rechte. Wir sehen, wie ein neuer Faschismus ersteht.

B Geht's nicht auch eine Nummer kleiner? Man muss genauer hinschauen, bevor man – noch dazu mit einem wohligen, rechthaberischen Gruseln – eine neue paneuropäisch-faschistische Bewegung ausruft. In Frankreich ist eine rechtspopulistische Partei auf dem Vormarsch, weil Gesellschaft und Wirtschaft stillstehen und mit der Globalisierung hadern. In Polen liegt es zum guten Teil daran, dass die katholische Kirche eine gesellschaftliche Hegemonie bewahrt hat, die das Liberale, Unorthodoxe neu zu überwinden droht – trotz vergleichsweise nachhaltig florierender Wirtschaft. Die Briten scheinen an postkolonialem *stress disorder* zu leiden. Sie haben sich von Lügnern und Polit-Clowns aus der EU katapultieren lassen. Und in Ungarn kann der Regierungschef von »Blut, Volk und Boden« salbadern, was sich selbst Marine LePen oder Nigel Farage nicht leisten könnten. Es gibt Gemeinsamkeiten, aber keinen gemeinsamen Nenner.

A Der gemeinsame Nenner liegt darin, dass die Leute es weder den Linken noch den Liberalen zutrauen, diese diversen Probleme zu lösen. Sie setzen ihre Hoffnungen in autoritäres Denken, sie haben das Vertrauen in die liberalen Institutionen verloren. Die Mitte verliert ihre Bindekräfte. Aber die Menschen nutzen diesen historischen Moment der Krise des globalen Kapitalismus nicht dafür, einen neuen Sozialismus zu etablieren. Früher war die Zukunft immer links. Die Utopie war immer links. Aber die Leute suchen ihr Heil nicht in der Zukunft, sondern in der Vergangenheit. In der Nation.

B Sie fälschen die Vergangenheit, um der Mitte jene Krise unterzuschieben, in welcher die Linke steckt. Die große Mehrheit der Bürger ist sich sicher, Utopien nicht mehr zu brauchen, wenn sie überhaupt je welche gebraucht hat. Die SPD hat aufgehört, Volkspartei zu sein, die westdeutschen Landtagswahl-Ergebnisse werden den ostdeutschen in den Keller folgen. Selbst wenn die Linkspartei hinzukommt: Die Linke spielt keine strategische Rolle mehr, wenn sie so weitermacht. Lassen Sie uns also über die Mitte reden. Die Mitte in Deutschland und was gerade mit ihr passiert.

A Sie sagen, die Leute brauchen keine Utopien. Das ist ein Irrtum. Vermutlich braucht man Utopien, um überhaupt Politik machen zu können. Die Mitte war in Deutschland sehr erfolgreich darin, Utopien zu vernichten, ja das gesamte Konzept in Misskredit zu bringen. Wenn aber gleichzeitig die Parteien der Mitte immer weniger in der Lage sind, die anstehenden Probleme zu lösen, dann wird es halt eng. Wenn eine Politik in der Gegenwart versagt, aber keinen Weg in die Zukunft weisen kann, dann wenden sich die Menschen ab.

Sie sagen, die Leute brauchen keine Utopien. Das ist ein Irrtum.

B Der Überdruss an Großen Koalitionen ist richtig beobachtet, er geht auf die Berliner Verhältnisse zurück,
wo in acht der letzten zwölf Jahre eine Große Koalition
regierte – die eigentlich nur der parlamentarische Ausnahmefall sein sollte. Ansonsten ist die Analyse so
falsch, wie sie nur sein kann: Erstens lag es nicht an der
Unterversorgung mit Utopien, dass rechtspopulistische Parteien in der Vergangenheit immer mal wieder
in die Landesparlamente gelangten. Viel mehr lag es an
der Tabuisierung offenkundiger Missstände durch eine
linke Meinungshoheit im öffentlichen Diskurs. Parteien, Regierung, Behörden: Sie sind zu lange einer
»Strategie des Beschweigens« gefolgt, wie Bernd Ulrich
einmal geschrieben hat. Ich halte es zwar für ausge-
machten Quatsch, dass dahinter eine Verschwörung
steckt, ein konzertierter Plan. Aber über Jahrzehnte
waren Diskurs und Demokratie von der Unterstellung
geprägt, man dürfe die ach so leicht entflammbaren
Deutschen nicht mit heiklen Wahrheiten konfrontie-
ren, sondern müsse sie zum Schutze vor sich selbst
davon in Unkenntnis halten. Der Schuss ist nicht erst
mit Thilo Sarrazins Buch nach hinten los gegangen.
Selbst dessen dritter Aufguss hat die Bestsellerlisten
gestürmt, so tief sitzt der Ärger über die jahrzehnte-
lange fürsorgliche Bevormundung.

A Das Märchen von den verschwiegenen Wahrheiten
hört man allenthalben. Aber es ist eben nur ein Märchen. Es ist ein Märchen, das von Reaktionären erzählt
wird, um das Vertrauen in die liberalen Institutionen
noch weiter zu schwächen. Ihnen ist offenbar gar nicht
bewusst, in welche Kerbe Sie da schlagen. Sie sind doch

selber Journalist. Haben Sie in Ihrer Laufbahn immerzu Sachverhalte verschwiegen, weil sie politisch nicht opportun waren? Haben die Redaktionen das gemacht, für die Sie tätig waren? Ich kann von solchen Fällen nicht berichten. Jeder Bürger konnte und kann in jeder halbwegs anständigen Zeitung jederzeit treffende und brauchbare Beschreibungen und Analysen unserer gesellschaftlichen Zustände lesen. Nein, wir erleben eine echte Krise des Systems. Innerhalb kurzer Zeit wurde eine rechtspopulistische Partei in den Umfragen zur drittstärksten Kraft. Gleichzeitig gelingt es den Rechten, ihre Inhalte und ihre Formulierungen zum neuen politischen Standard zu machen. Das nenne ich kulturelle Hegemonie weit über den Bereich des eigentlichen Wahlerfolges hinaus. Und noch etwas: Ich wage die These, dass es ein Irrtum ist anzunehmen, Merkel habe die CDU irgendwie dauerhaft modernisiert oder gar nach links gerückt. Es gibt bei den Konservativen im Land ein deutschnationales Gen, das kann jederzeit angeschaltet werden.

B Ich bestreite so wie Sie, dass es eine Verschwörung gegen die Wahrheit gibt oder gegeben hat. Aber: Vor zehn, fünfzehn Jahren hätte man einen Bericht über die überproportionale Straffälligkeit bestimmter Migrantengruppen nicht schreiben können, einfach, weil die Zahlen nicht entsprechend erhoben wurden. Und sie wurden nicht erhoben, weil die Behörden das in vorauseilender Sorge nicht wollten. Das hat sich geändert, weil nicht jeder, der nach spezifischer Ausländerkriminalität fragt, automatisch als Ausländerfeind wegsortiert wird. Und was die konservativ-bodenständige, meinetwegen kleinbürgerliche, Mitte in Deutschland angeht: Sie ist resilient, wie es neudeutsch heißt. Sie ist nicht anfechtbar, zumindest nicht in einem Maße, wie ihr empörend oft unterstellt wird. Ebenso infam ist die Verdrehung, die Mitte rücke en bloc nach rechts: Wenn vormals Bürgerliche ins Lager des rechten Populistenpöbels wechseln, dann sagt das etwas über diese Leute, aber nicht über das Milieu, dem sie bis dato angehörten. Man würde ja auch nicht sagen: »Die Mitte ist jetzt reich«, wenn Einzelne aus dieser Schicht plötzlich Millionär werden. Nein, die deutsche Mitte ist die beste in ganz Europa.

A Kennen Sie den ersten Teil von *Men in Black*?

B Nicht auswendig.

A Da werden auch die Besten der Besten der Besten gesucht.

B Sehr witzig. Im Ernst: Die neuen Rechtspopulisten haben in Deutschland nicht die geistige Hegemonie über die anderen politischen Parteien übernommen. Die sind selbst auf dem Höhepunkt der Flüchtlingskrise ausnahmslos dabei geblieben, dass Deutschland auf die eine oder andere Weise ein Einwanderungsland ist. Das hat die Union vor nicht allzu langer Zeit noch ganz anders gesehen, aber der Lernfortschritt war, noch einmal das Wort: resilient. Allerdings haben die objektiv vorliegenden Probleme mit weit mehr als einer Million Flüchtlinge derartig Druck ins System gebracht, dass bestimmte Missstände angegangen wurden. Beispiel: Man kann nicht mit Serbien Verhandlungen über einen EU-Beitritt führen, aber gleichzeitig Serben in Deutschland politisches Asyl

> Die deutsche Mitte ist die beste in ganz Europa.

beantragen lassen. So war es aber. Erst als sich Anfang 2015 der halbe Westbalkan nach Deutschland aufmachte, wurden die Staaten dort zu dem erklärt, was sie sind: keine reichen, aber sichere Herkunftsländer. Verblendete Grüne und Sozialdemokraten hatten das über Jahre verhindert, auch weil sie ganze Begriffe-Gruppen besetzt hatten wie Hügelstellungen im Ersten Weltkrieg. In der Süddeutschen stand vor nicht langer Zeit das Zitat: »Sag mir, wie Du das Wort ›Migrant‹ benutzt, und ich sag Dir, ob Du Dich schämen musst oder ob Du weiterreden darfst.« Das trifft es. Oder das Wort »besorgte Bürger«: Binnen Wochen hat es eine Meinungsmafia verstanden, daraus ein Synonym für Fremdenhasser zu machen. Dieser Tabudeckel, über Jahre fest auf dem Topf, hat die Suppe erst richtig hochkochen lassen, höher vermutlich, als es ohne Deckel, ohne linke Sprachpolizei der Fall gewesen wäre.

A Ihre »besorgten Bürger« haben sich selbst diskreditiert – mit den Pegdia-Aufmärschen und den völkischen Reden von Tatjana Festerling und Björn Höcke. Und was die sogenannten sicheren Herkunftsländer angeht, finde ich diese Debatte mehr als zynisch. Das ist wie auf dem Hinterhof einer miesen Schlachterei: Da kommen neue Etiketten aufs Gammelfleisch, und das Problem ist erledigt. Die Deutschen brauchten ein Instrument, die Zahl der Schutzsuchenden zu verringern – am leichtesten geht das, indem Unrechtsstaaten zu sicheren Staaten umetikettiert werden. Ein Sprachspiel – mit bitteren Folgen für die Betroffenen. Wenn einer dort trotzdem Opfer von Folter, Unterdrückung und politischer Willkür wird, dann hat er halt Pech gehabt.

B Es hat sich der gesunde Menschenverstand durchgesetzt, das Markenzeichen der Mitte. Wir haben endlich begonnen, zwischen Menschen zu unterscheiden, die vor Krieg und Tod fliehen, und solchen, die wegen eines Jobs kommen, so verständlich und legitim das ist. Politik und Gesellschaft haben an dieser Stelle ihre Handlungsfähigkeit unter Beweis gestellt.

A Nein, das glaube ich nicht. Die AfD hat es jetzt schon geschafft, die politische Kultur nachhaltig zu ändern. Wir beobachten seit geraumer Zeit eine bürgerliche Enthemmung – Sarrazin und Sloterdijk, das sind Namen, die dafür stehen. Dieser tiefen kulturellen Verschiebung hat die AfD eine politische Form gegeben. Darum wird sie bleiben. Und sie wird die CDU unter Druck setzen, sich in einen Wettlauf nach rechts zu begeben. Das hat bereits begonnen. Und das Paradoxe ist: Die CDU wird damit die gesamte politische Kultur nach rechts ziehen. So groß kann die Macht einer politischen Randbewegung sein.

B In Deutschland wohnen nur 15 Prozent aller Menschen in Städten mit mehr als 500 000 Einwohnern, aber über 60 Prozent aller Menschen in Orten mit weniger als 50 000 Einwohnern. Diese Provinz ist das eigentliche Deutschland, *l'Allemagne profond*, wie Charles de Gaulle sagen würde. Das ist die Mitte: Sie kennt keine strukturelle Wut, sie will Konsens und Problemlösung, aber keinen Krawall. Sie hält »alternativlos« nicht für ein Schimpfwort oder einen politischen Offenbarungseid. Sie will Verantwortungs- statt Gesinnungsethik, und sie will ihren Staat handlungsfähig sehen, in alle politischen Richtungen übrigens. In der Mitte empört man sich darüber, dass der Staat bald die Hälfte des Einkommens auf die eine oder andere Art abkassiert. Dass der Finanzminister achselzuckend mindestens drei Milliarden Euro pro Jahr zusätzlich über die kalte Progression wegsteuert. Man empört sich darüber, dass es immer mehr Wohnungs- und Hauseinbrüche gibt, aber immer weniger aufgeklärte Fälle. Und man empört sich darüber, dass einer im Sommer 2015, zu Beginn der Flüchtlingskrise, in Heidenau gegen eine Flüchtlingsunterkunft randaliert, Polizisten verletzt – aber das Gericht erst mehr als ein halbes Jahr später nur 2400 Euro Geldstrafe und einen Monat Führerscheinentzug verhängt. Beides wird in der Mitte als Vollzugsdefizit des Staates gesehen, und das rechte Auge ist dabei nicht blind. Ich beginne das Wort »resilient« zu lieben: Die deutsche Provinz ist resilientes Biedermeier.

A Biedermeier – oder Brandstifter? In der Provinz, deren Hohelied Sie singen, brennen die Asylbewerberheime. Aber im Ernst: Sie haben recht – die deutsche Gesellschaft ist durch ihre eingeborene Mittelmäßigkeit ziemlich widerstandsfähig gegen Auflösungserscheinungen, egal woher sie kommen. Es handelt sich da um eine gewisse Trägheit – die man aber nicht mit demokratischer Überzeugung verwechseln sollte.

B Wenn zuvor unauffällige Bürger plötzlich Applaus klatschen, weil eine künftige Asylbewerberunterkunft brennt, und wenn sie die Feuerwehr beschimpfen, wenn sie zum Löschen kommt – dann ist etwas faul. Aber die Gesellschaft ist nicht in der Mitte gespalten. Vielmehr ist der Graben zwischen der alten Mitte und den neuen Rechten abgrundtief geworden. Auf der dunklen Seite dieses Grabens ist die öffentliche Moral implodiert und man verachtet das »System«, den demokratischen Staat und seine Institutionen. Ansonsten glaube ich, dass die Mitte seit der Flüchtlingskrise so selbstbewusst ist wie lange nicht. Im Sommer und Herbst 2015 sind Millionen Bürger mit allen Portemonnaie-Größen an die Seite oder gar an die Stelle ihres Staates getreten, weil er überfordert war. *Ownership* nennt man das im Englischen, was für ein großer, stolzer Moment. Diese Mitte kann ihre gesellschaftliche Pflicht in punkto Zusammenhalt leisten, wenn der Staat ihr auf Augenhöhe begegnet. Das haben die Bürger in der Flüchtlingskrise aus eigener Kraft erreicht, sie haben ihren Staat auf Augenhöhe angesprochen.

A Ja, es gibt Situationen, da sind die Bürger weiter als ihre Politiker. Das stimmt. Aber die Furcht der Politiker kann die Bürger sehr wirksam ausbremsen. Das ist ja gerade das Verführerische und das Gefährliche des Populismus: dass er die Kraft freisetzt, die zur Erneuerung eines beschädigten Systems notwendig ist. Schade nur, dass er von rechts kommt. Denn wir erleben ja keine neue Politisierung in Deutschland – sondern nur eine Radikalisierung. Bei den Rechten wird das »Nein« zur einzig schöpferischen Tat.

B Angst ist der Schlüssel. Angst kann real sein, obwohl sie irreal ist. Alle ernst zu nehmenden Studien belegen, dass die Mitte ökonomisch nicht schrumpft und derzeit von Abstieg nicht bedroht ist. Alle Erfahrung der jüngsten Vergangenheit belegt, dass die Mitte gelassener ist, als alle Experten denken – zum Beispiel während der

Finanzkrise und dem spektakulären Einbruch der Konjunktur. Trotzdem treiben auch den Menschen der Mitte Ängste um, mit denen Parteien und Regierung umzugehen haben. Nur wie? Die Leute zu unterschätzen, ist ein zentraler Fehler der etablierten Parteien, das Grundübel des Merkelismus. Das entmündigt die Mitte, das schlägt die Menschen unter Wert. Man behandelt sie wie Kinder. Gefährlich wird das, wenn die Kanzlerin eine große Sache dann plötzlich nicht mehr im Griff hat, so wie die Flüchtlingskrise. Das nennt man »Produktenttäuschung« – da ist die Mitte allergisch.

A Das gehört aber zum Wesen dieser Mitte-Politik. Sie treibt der Demokratie das Leben aus. Selbst ein konservativer Denker wie Herfried Münkler räumt ein, dass die Dominanz der Mitte im deutschen Parteiensystem zu einer Einschränkung der politischen Programmatiken führe: »Man kann auch von einer politischen Horizontverengung sprechen.« Ja, die deutsche Politik hat einen zu engen Horizont. Unter dem bleiernen Himmel der »Alternativlosigkeit« erstickt die Demokratie. Wenn das Volk von einem Machtwechsel immer weniger hat, dann bleibt ihm nur, der Politik ganz den Rücken zu kehren oder sich gegen die ganze Politik zu wenden. Beides geschieht.

> Die Mitte ist der Tod der Demokratie.

Ausgerechnet die Iren. Dieses katholischste aller katholischen Völker nördlich der Alpen. Die Iren also sprachen sich in einem Referendum für die Homo-Ehe aus. »Ich glaube, man kann nicht nur von einer Niederlage der christlichen Prinzipien, sondern von einer Niederlage für die Menschheit sprechen«, sagte Kardinalstaatssekretär Pietro Parolin nach diesem niederschmetternden Ergebnis. Aber halt, jeder Spott über die Rückständigkeit der Kirche ist wohlfeil. Die Politik muss mit der Zeit gehen – die Kirche muss es nicht.

Was ist die Ehe? Worin besteht ihr besonderer Status? Welche Rolle soll der Staat da spielen? Der Apostel Paulus sagt im Epheser-Brief, Mann und Frau sind miteinander verheiratet wie Christus und die Kirche. Mehr geht nicht. Die Ehe ist eines der sieben Sakramente, und zwar die Ehe zwischen Mann und Frau.

Rom hat da wenigstens klare Vorstellungen. In Deutschland ist bei diesen Fragen der logische Zusammenhang längst gerissen. Kein Wunder. In der mehr oder minder aufgeklärten Gesellschaft mischen sich Politik und Religion nicht gut. Als man ihn fragte, ob das Eheverständnis des Apostel Paulus für uns wirklich das letzte Wort sein müsse und was die »Basis« der Kirche davon wohl halte, sagte der Schriftsteller Martin Mosebach: »Der augenblickliche Zustand der Gesellschaft ist nicht die Basis der Kirche.« Für die Politik gilt

Ist die Ehe was für Schwule?
Blome

Wahre Konservative hören mehr als das Knistern des Kandis im Nachmittagstee. Sie hören die Gegenwart. Konservativ zu sein, ist nämlich, was der alte Dorflehrer in Fontanes *Stechlin* sinngemäß sagt: »Mit dem Alten solange wie möglich, mit dem Neuen so bald wie nötig.« Und nötig ist zu allen Zeiten das, was in der Gegenwart mehr Nutzen als Schaden verspricht. Das zu ändern mehr zum Besseren als zum Schlechteren wendet.

Das wäre der Fall, wenn homosexuellen Paaren der Gang vor den Altar erlaubt wird und sie das »Ehe« nennen dürfen. Es wäre einer der Fälle, in denen Kirche und Staat im Gleichschritt gehen können – und sollten. Es gibt zwar das Gebot, beide Sphären getrennt zu halten. Aber es gibt kein Verbot, sich gemeinsam auf den Wandel bei Bürgern und Gläubigen einzustellen. Die sind schließlich nicht selten ein und dieselbe Person.

Wer die Ehe als christliches Sakrament ernst nimmt, der tut es wegen seines Glaubens und der Regeln, die sich damit verbinden. Dieser Glaube und diese Regeln lassen sich unmöglich an ein Geschlecht oder eine bestimmte Geschlechterkombination binden. Folglich kann einem gleichgeschlechtlichen Paar der Gang vor den Altar eigentlich nicht verwehrt werden, nicht von der Kirche und nicht vom Staat.

Wer die Ehe hingegen als würdevolles, traditionsreiches Institut in einer zusehends bindungslosen Gesell-

das nicht. Sie muss gegenwärtig sein, nicht transzendental.

Schon vor ein paar Jahren fand eine Studie, dass zwei Drittel der Deutschen eine völlige Gleichstellung homosexueller Partnerschaften mit der traditionellen Ehe begrüßen würden. Hat darum der vormalige grüne Frontmann Volker Beck recht, als er triumphierend fragte, ob die Kanzlerin »dauerhaft bei dieser Frage gegen die Mehrheit der Bevölkerung, des Bundestags und des Bundesrats regieren möchte«?

Ein Blick auf die Zahlen mildert die Dringlichkeit: Es gibt rund 18 Millionen mehr oder minder heterosexuelle Ehepaare in Deutschland – und etwa 35 000 eingetragene homosexuelle Lebenspartnerschaften. Mit einem Massenthema hat man es hier nicht gerade zu tun. Aber es ist eben nur noch ein konservativer Restvorbehalt, der der Homo-Ehe entgegensteht. Die Kanzlerin selber formulierte ihn im Wahlkampfjahr 2013 auf genial schlichte Art so: »Ich sage Ihnen ganz ehrlich, dass ich mich schwertue mit der kompletten Gleichstellung.«

Aber die Art von Konservatismus, die mit gesellschaftlicher Liberalisierung Probleme hat, wird seltener in Deutschland. Der knarzige Konservative mit knisterndem Kandis im Tee ist ästhetisch und politisch ein schwindendes Phänomen.

Die Grünen haben vorgerechnet, dass es 150 Änderungen in 54 Gesetzen bedürfte, um die »verpartnerten« Menschen mit den »verheirateten« gesetzlich gleichzustellen. Oder eine einzige Änderung, mit der die Ehe auf Menschen ausgedehnt wird und nicht nur auf Mann und Frau. Also, lasst sie auch ohne Gottes Namen heiraten.

schaft versteht, der schätzt sie weniger aus Glaubens-
gründen als wegen der weltlichen Werte, für die sie
steht: Treue, Vertrauen, Verantwortung. Diese Werte lassen sich erst recht nicht einem bestimmten Geschlecht
zuordnen. Mehr noch: Staat wie Kirche leben als gesellschaftliche Organisationsformen von nichts mehr als von
diesen Tugenden des Einzelnen. Schon aus eigenem Interesse sind sie also gut beraten, sie zu fördern, wo immer
sie sich zeigen – und sie nicht altbacken zu unterscheiden oder zurückzuweisen. Folglich sollte die Ehe auch
jenen homosexuellen Paaren möglich sein, die nicht
allein wegen ihres christlichen Glaubens vor den Altar
wollen.

Allerdings ist eine homosexuelle Ehe nicht in jeder
Hinsicht dasselbe wie eine zwischen Mann und Frau, sie
kann aus sich heraus keine Kinder haben. Ich finde, das
darf dem Staat Grund genug sein, unter dem Dach von
»Ehe« Unterschiede zu machen: Nicht bei der Behand-
lung vor Gerichten oder vor dem Gesetz, wohl aber bei
der finanziellen Förderung, wenn sie auf die Ermög-
lichung eines Kinderwunsches abzielt. Das Steuerrecht
kennt manche solcher Differenzierungen zwischen mehreren Varianten ein und derselben Gattung.

Eine homosexuelle Ehe ist etwas anderes als eine heterosexuelle, denn Männer und Frauen sind nicht gleich.
Deshalb muss auch nicht alles bis ins Letzte gleich behandelt werden, was – hoffentlich! – bald einheitlich
»Ehe« heißt.

Annegret R. und ihre vielen Kinder – das war mehr als eine irre Geschichte für die Regenbogenmedien. Die ehemalige Lehrerin aus Berlin trieb den Wahn der Optimierungsgesellschaft an seine äußerste Grenze: Mehr! Besser! Jetzt! Wo früher Schicksal war, soll totale Kontrolle sein. Auf der Strecke bleibt die Menschlichkeit.

Die Eizelle war nicht ihre. Den Spender des Samens kannte sie nicht. Aber Annegret R., ehemalige Grundschullehrerin aus Berlin, hat die Kinder ausgetragen, Nummer 14, 15, 16 und 17. Was Frau R. mit ihrer Gebärmutter angestellt hat, ist in Deutschland verboten. In der Ukraine nicht. Unser neuer Bruderstaat im Osten hat, was das werdende Leben angeht, großzügige Regelungen, um es freundlich zu formulieren – nämlich praktisch gar keine. Was geht, geht, und wer zahlt, schafft an. In Kiew kostet die Eizelle 9900 Euro, plus Einsetzen, Samenspende nicht inklusive.

Man wird Frau R. nicht vorwerfen können, dass die Natur Schwangerschaften im hohen Alter nicht vorsieht. Von Antibiotika bis Antibabypillen sieht die Natur vieles nicht vor, was wir für selbstverständlich halten. Und außerdem, was heißt heute schon hohes Alter? Wer soll denn entscheiden, ab wann eine künstliche Befruchtung nicht mehr erfolgen soll?

Aber die viel tiefer liegende Dimension ihrer Geschichte hat Annegret R. selbst enthüllt, als sie in einer

Wem gehört Omas Gebärmutter?
Blome

Annegret R. waren 13 Kinder nicht genug. Im Alter von 65 Jahren ließ sie sich in der Ukraine behandeln, verkaufte die Geschichte ihrer Schwangerschaft an RTL und bekam Vierlinge. In früheren Zeiten hätte man sie dafür kurzerhand aufs Rad geflochten oder im Dorfweiher ertränkt; auch im Jahr 2014 war das öffentliche Urteil vernichtend. Aber es war falsch – und nicht nur, weil Neeta, Dries, Bence und Fjonn, die Vierlinge, heute wohlauf sind.

Vermutlich hätte die pensionierte Englisch- und Russischlehrerin besser einen Psychotherapeuten aufgesucht als einen ukrainischen Reproduktionsarzt. Aber in einem Rechtsstaat, dessen Gesetze sie nicht gebrochen hat, tut das nichts zur Sache.

Darum geht es: Wie halten wir es mit Liberalität und Toleranz, wenn auch allerletzte Gewissheiten öffentlich zertrümmert werden? Frau R. hat an und mit dem eigenen Leib jene Konventionen dekonstruiert, wonach Mütter nicht allzu alt sind, ein halbes Dutzend Kinder wirklich reicht und Frauen bestimmte Grenzen zu achten haben, welche die Natur und der liebe Gott ihrem Geschlecht sowie der menschlichen Fortpflanzung gesetzt haben.

Frau R. dreht all dem eine Nase, und sie schämt sich nicht: Als Oma wird sie Vierlingsmutter, weil sie es für ihr Glück hält. Sie will es, sie kann es, sie tut es. Das mit

RTL-Sendung die entscheidenden Sätze sagte: »Ich bin der Meinung, dass jeder sein Leben so leben sollte, wie er möchte. Da es diese Möglichkeit gibt, und sie auch von Tausenden Menschen genutzt wird, darf man die auch nutzen. Wie muss man mit 65 sein? Man muss ja offensichtlich immer irgendwelchen Klischees entsprechen.«

Sie erweist sich damit als Kapitalistin ihres eigenen Körpers. Das Ziel ist die Profitmaximierung des Lebens. Kontrolle statt Schicksal. Das ist Neoliberalismus als Biopolitik. Im modernen Kapitalismus ist jeder Herr und Knecht in einer Person. Ein selbstausbeutender Arbeiter im Unternehmen des eigenen Lebens.

Im Kampf gegen den Schmerz, den Verlust, den Verzicht, die Krankheit wird alle Macht der Wissenschaft aufgebracht. Frau R. redet von Freiheit. In Wahrheit predigt sie die Ideologie der Machbarkeit, und die ist eine Ideologie der Unmenschlichkeit.

großem Unbehagen zu beobachten, ist verständlich. Es **B**
für die eigene Lebensführung zu verwerfen, auch. Mehr
jedoch nicht.

Denn würde ihr Handeln geächtet oder unter Strafe
gestellt, müsste die Gesellschaft Fragen beantworten, auf
die sie keine Antworten geben kann, solange sie eine
liberale ist. Wer Frau R. verwehren will, mit 65 Jahren
und medizinischer Hilfe Vierlingsmutter zu werden, der
müsste ebenso entschlossen bestimmen, ob eine 22-jäh-
rige Hartz-IV-Alkoholikerin wirklich ein viertes Kind
vom vierten Vater haben soll; ob Paare, die wegen Kin-
desmisshandlung und eigener Überforderung bereits
unter behördlicher Aufsicht stehen, weitere Kinder zeugen dürfen; ob *social freezing*, das Einfrieren eigener
Eizellen, nur egomaner Statusdünkel ist oder ein ange-
messenes Mittel, um akademisch ausgebildete Frauen
von biologischen Zwängen zu befreien. Staat und Gesellschaft müssten also formulieren, wer eigene, natürliche
Kinder haben darf und wer (oder wann) besser nicht.
Das kann nicht gutgehen.

Was die Gesellschaft nicht liberal zu regeln vermag,
muss sie tolerieren. Immer schon wurden im Einzelnen
dabei Grenzen überschritten, später auch auf breiter
Front verschoben. Dazu zählen die von Anstand und
gutem Geschmack, die zwischen den Geschlechtern und
die von Ehe oder Familie. Selbstoptimierung und Selbstverwirklichung, die mitunter fragwürdigen Moden der
Gegenwart, sind treibende Kräfte dieser inneren Bewegung. Sie ist letztlich nur ein anderes Wort für – Freiheit.

Ich bin ein strikter Gegner von Folter und Todesstrafe, das vorweg. Ich habe auch nicht hämisch gefeixt oder gejubelt, als die Nachricht vom Tod Osama bin Ladens um die Welt ging. Aber, ja, ich habe mich gefreut, weil man sich in bestimmten Fällen auch über den Tod eines Menschen freuen darf – und zwar aus zwei Gründen.

Erstens kam Osama bin Laden in einem Krieg ums Leben, den er selbst eröffnet hat und nicht die Amerikaner. In seiner fanatisierten Lesart des Islam ist das Leben eines Falschgläubigen nichts wert, ebenso wenig wie das eigene, wenn es im Heiligen Kampf gegen die Ungläubigen hingegeben wird. Na schön, möchte man hinterher rufen, dann hat es ja nicht den Falschen getroffen.

Und zweitens verstehe ich nicht, warum der Tod eines jedweden Menschen etwas Trauriges sein *muss*, das uns aus moralischen oder religiösen Gründen in keinem Fall erleichtern *darf*. Wenn man das zu Ende denkt, hätten sich KZ-Häftlinge nicht über den Tod ihrer SS-Schergen freuen dürfen und über den von Adolf Hitler auch nicht. Es hätte sich kein Kind eines RAF-Opfers über den Tod von Baader und Ensslin freuen dürfen, kein nigerianisches Schulmädchen über das Ende ihrer Boko-Haram-Entführer. Es stimmt: Auch ein Mörder bleibt ein Mensch. Zugleich ist es aber unmenschlich, wenn Opfer jedes Gefühl der Erleichterung über das Ende der Täter zu unterdrücken haben. Dieser Widerspruch lässt sich

Wer freut sich über tote Terroristen?
Augstein

»Ich freue mich darüber, dass es gelungen ist, bin Laden zu töten.« Das hat Angela Merkel tatsächlich so gesagt. Es spricht für den Zivilisationsgrad der deutschen Öffentlichkeit, dass aus diesen Worten damals ein kleiner Skandal wurde. Sie waren abscheulich.

Angela Merkel sprach dem amerikanischen Präsidenten in jenen Tagen auch ihren »Respekt für die gelungene Kommandoaktion« aus. Respekt dafür, dass ein unbewaffneter alter Mann, der von Frauen und Kindern umgeben war, von 79 Elitesoldaten überfallen und erschossen wird. Dieser alte Mann war ein Massenmörder und seine Resozialisierungschancen standen nach unseren Maßstäben schlecht. Aber es war bemerkenswert, dass selbst die Bundeskanzlerin so wenig Wert auf unsere Maßstäbe legte.

Der Tod Osama bin Ladens war eine weitere Wegmarke entlang der schwierigen Entwicklung im Verhältnis zwischen der westlichen Welt und dem Islam. Als das russische Imperium zusammenbrach, hatte der Westen keine Mühe, die frei gewordene Stelle des Feindes mit dem Islam zu besetzen. Schon 1995 kannte der damalige NATO-Generalsekretär Willy Claes die neue Marschrichtung: »Der islamische Fundamentalismus ist für den Okzident genauso gefährlich, wie es der Kommunismus war.« Und die Muslime haben das Rollenspiel bereitwillig aufgenommen: Der Westen, mit seiner eigentümlichen

B nicht auflösen – und in diesem Widerspruch sind mir die Opfer näher als die Täter, das Gute näher als das Böse.

Manchmal, nicht immer, machen in der Geschichte Menschen den Unterschied, einzelne Männer und Frauen. In diesem Sinne können auch einzelne Menschen das Böse sein und ihr Tod etwas Gutes. Etwas, über das man sich für einen Moment auch freuen darf.

Mischung aus Pornos und Pressefreiheit, aus Coca-Cola **A** und Cruise Missiles, mit seinem Übermaß an Arroganz und seinem Mangel an Respekt, war ein passendes Feindbild für die Mühsamen und Beladenen, von denen es in den muslimischen Ländern mehr als genug gibt.

Dafür ist nun allerdings der Westen nicht allein verantwortlich. Zu viele Menschen in der muslimischen Welt werden unterdrückt. Die prowestlichen Regime unterdrücken sie und die antiwestlichen auch. Ob die Geheimpolizei im Dienst des Korans foltert oder im Dienst der CIA, spielt für das Opfer eine nachrangige Rolle. Auf diesem Boden der Wut konnte die böse Saat Osama bin Ladens aufgehen.

Viele im Westen haben sich im Kampf gegen den Terror die Logik der Rache und die Rhetorik der Gewalt aufzwingen lassen. Botho Strauß schrieb schon unmittelbar nach den Attentaten vom September 2001, jetzt breche der »Kampf der Bösen gegen die Bösen« an. Das waren damals schwer erträgliche Worte, als die Leichen noch unter den Trümmern lagen. Aber es war die Wahrheit. Wir haben die Gefolterten von Abu Ghraib gesehen, die Gefangenen von Guantanamo, die Getöteten des Drohnenkrieges. Diese Bilder werden für immer neben denen der brennenden Zwillingstürme von New York stehen.

Was sollen Frauen wollen?

A Wir wollen über Frauen und Familie reden – als Feministen unter sich, oder wie?

B Warum sollen wir nicht über eine der größten Umwälzungen in der Gesellschaft der letzten 50 Jahre genauso gut sprechen können wie jede oder jeder andere? Wenn sich das Rollenbild von Frauen und Töchtern ändert, macht das etwas mit den Männern und Vätern. Sie haben doch auch eine Tochter.

A Ja. Ich wollte nur eine salvatorische Klausel anbringen. Wenn Männer über Frauen sprechen, bin ich immer skeptisch. *Check your privilege*, sagt man im Amerikanischen. Gerade wenn es um das Verhältnis von Mann und Frau und um Rollenbilder geht, muss man sich als Sprecher über seine eigene Rolle im Klaren sein.

B Stichwort Rolle, danke. Niemand Ernstzunehmendes will die Rolle rückwärts in die 50er, 60er oder 70er Jahre, als Frauen ihre Ehemänner fragen mussten, ob sie ein eigenes Konto haben oder einen Arbeitsvertrag unterschreiben dürfen. Das alles liegt hinter uns, gut so. Aber ich werde das Gefühl nicht los, dass an die Stelle der überwundenen Rolle ein anderes Rollenbild tritt, das mindestens so starr ist wie das alte. Früher hieß es, eine Tochter muss nicht studieren, die heiratet ohnehin, oder es hieß, ein Sohn von Arbeitern geht nicht auf die höhere Schule, der wird ja eh Arbeiter. Heute heißt es, jede Frau muss einen Job haben, egal mit wie vielen Kindern. Das macht der Staat ihr möglich, und wenn sie es trotzdem ablehnt, wird sie ziemlich schräg angeschaut, um nicht zu sagen: sozial geächtet.

A Geächtet? Das ist ein bisschen stark. Sie beschreiben nur den Konflikt, in dem Frauen sich befinden, wenn sie Arbeit und Familie gleichermaßen ernst nehmen. Offenbar sind es immer noch meistens die Frauen, die sich in diesem Konflikt befinden, nicht die Männer. Leider. Aber es sind Leute wie Sie, die nicht bereit sind, die gesellschaftlichen und rechtlichen Bedingungen so auszugestalten, dass alle Menschen, Männer und Frauen, Familie und Arbeit miteinander verbinden können. Und trotzdem benutzen Sie jetzt ein Wort wie »Ächtung«. Das nenne ich Chuzpe.

B Wir reden aneinander vorbei. Mit zig Milliarden ist im Laufe der Jahrzehnte eine – wie das schon heißt! – »Infrastruktur« hingestellt worden, die es Frauen ermöglicht, Mann, Kind und Karriere unter einen Hut zu kriegen. Sie sollen nicht mehr wählen müssen, ob sie Kind *oder* Beruf haben wollen. Das ist ein im besten Sinne freiheitlicher Fortschritt, das heißt, es wäre einer, wenn nicht parallel *peer pressure* und der Gesetzgeber dafür sorgen würden, dass man als Frau de facto nur noch eine Wahl hat, wenn man nicht als Dorftrampel dastehen will. Nämlich Beruf *und* Kinder zu versuchen, notfalls auch nur den Beruf, ohne Kinder.

A Sie sind ein Sinnbild des deutschen Konservatismus. Sie preisen die Freiheit der Wahl und erkennen gar nicht, dass es gerade darum geht, die Menschen vom Zwang zur Wahl zu befreien. Menschen wollen sowohl

Arbeit als auch Familie. Es ist keine Freiheit, wenn man sich entscheiden kann, sondern eine furchtbare Last! Wie leid tun mir die Frauen, die für ihre Karriere auf Kinder entweder ganz verzichten oder ihre Kinder bis 18 Uhr wegdelegieren – weil die Firmen, die Universitäten, die Redaktionen es einfach nicht zulassen, dass man seiner Verantwortung für Arbeit und Kinder gleichermaßen gerecht wird.

B Merken Sie etwas? Sie gehen ohne ein weiteres Wort davon aus, dass alle Frauen in Deutschland eine Festanstellung *und* Kinder haben möchten. Damit legen Sie ein einziges Rollenbild fest, dem alle gehorchen sollen, die Frauen, die Politik, die Männer. Der Wirtschaft wird es übrigens gefallen, denn es ist ein Rollenbild, wie es kapitalistischer nicht sein könnte: Arbeit für Lohn zählt mehr als Fürsorge. Was ist aber mit Frauen, die nicht beides wollen, die lieber 20 Jahre lang Kinder erziehen, statt 20 Jahre die Stechuhr im Büro zu drücken? Sind das jetzt Versagerinnen, weil sie nicht alles wollen? Wurden die allesamt vorher von ihren Macho-Männern gebrainwashed? Vor 25 Jahren musste man Frauen gegen den Vorwurf verteidigen, sie seien Rabenmütter, nur weil sie Job und Kinder haben wollten. Heute muss man Frauen gegen den Vorwurf verteidigen, sie seien von vorgestern, unfrei und intellektuell limitiert, nur weil sie ganz zu Hause bleiben und Kinder und Familie machen wollen.

A Ich beginne zu verstehen. Freiheit bedeutet für Sie die Abwesenheit des Rollenbildes an sich. Ich fürchte, so funktionieren Gesellschaften nicht. Ein solches Maß an

Sind Frauen, die nicht alles wollen, Versagerinnen?

Emanzipation von jeder gesellschaftlichen Erwartung, die Abschaffung der Erwartung selbst, ist vermutlich zu viel verlangt. Es ist normal, dass Gesellschaften sich Vorstellungen vom Handlungsspielraum machen, über die jedes Individuum verfügt. Grenzenlos ist der nie. Sie träumen von einer Gesellschaft ganz ohne Konventionen – ich nehme alles zurück, Sie sind kein Konservativer, Sie sind ein Hippie.

B *I didn't inhale*, aber im Ernst: Natürlich gibt es keine konventions- und erwartungsfreie Gesellschaft. Da wäre ja jeder für sich in seinem kleinen Eisfach, wie schrecklich. Aber ich hätte es gern ein wenig gelassener. Warum gibt es den Begriff »Rabenmutter« nur im Deutschen? Warum kriegt eine öffentliche Debatte um männliche Anzüglichkeit im Alltag gleich den Maximalhashtag #aufschrei? Warum steht man als Mann sofort in der Macho-Ecke, wenn man eine Arbeitsteilung zwischen Mann und Frau in der Familie für auch in Ordnung hält oder wenn man das Konzept von Mann und Frau für mehr als eine reine Konditionierung der Frauen hält.

A Das ist ein Mechanismus, den ich nie verstanden habe. Leute wie Sie empfinden den Fortschritt in Wahrheit als Repression. Glauben Sie denn, dass es ohne diese Repression mehr Frauen oder mehr Männer gäbe, die sich zu Hause lieber um die Kinder kümmern würden? Also müssen nur die Frauen erst noch richtig befreit werden – oder die Männer auch? Das Geschlechtermodell, das Sie propagieren, das gibt es gar nicht mehr. Die jungen Männer erwarten das weder von sich selber

Leute wie Sie empfinden den Fortschritt in Wahrheit als Repression.

noch von ihren Frauen. Noch mal: Heute versuchen alle Leute händeringend, Arbeit und Familie zu verbinden. Schon allein deshalb, weil Deutschland inzwischen beinahe ein Niedriglohnland ist und die Familien zum Doppelverdienen gezwungen sind. Der Staat könnte da hilfreicher sein, als er ist.

B Wirklich? Vielleicht reden wir nur über die hippen Jungs und Mädels im Prenzlauer Berg in Berlin oder in anderen Großstädten. Die jüngste Shell-Jugendstudie zeigt, dass die jungen Leute im Durchschnitt eher wieder klassisch in ihren Wünschen und Plänen werden, drei Viertel wollen sich den Lebens- und Erziehungsstil der Eltern zum Vorbild nehmen. Sei's drum, jeder soll nach seiner Fasson selig werden, ich will niemandem etwas wegnehmen, was er für Fortschritt hält. Aber für das Ganze bedeutet es nicht automatisch einen Fortschritt, eher das Gegenteil, wenn zugleich jener Lebensentwurf ausradiert wird, der diese Gesellschaft lange Zeit gut zusammengehalten hat: der von Mann/Job, Frau/Kinder. Und der Staat, der den Zusammenhalt der Gesellschaft mit seinen Mitteln nicht allein garantieren kann, macht bei der Zerstörung auch noch mit, er feuert sie an. In Deutschland bekommen die Frauen im Schnitt 1,36 Kinder und das immer später im Leben.

A Das meinte ich zu Beginn des Gesprächs – Sie reden als Mann. Eine Frau würde dieses Argument so nicht bringen, außer vielleicht Beatrix von Storch von der AfD. Sie trauern der patriarchalischen Gesellschaft hinterher – die war stabil, ja, aber die Stabilität beruhte eben auf Unterdrückung. Ihr Frauenbild ist vormodern. Die Mehrheit der Gesellschaft geht inzwischen davon aus, dass Frauen sich ebenso wie Männer auch in der Arbeit verwirklichen wollen. Danach richten sich die Gesetze – übrigens noch lange nicht im ausreichenden Maße. Und da liegt das eigentliche Problem, nicht darin, dass man den Frauen den Herd madig macht.

B Klasse. Eine Frau mit Master-Abschluss, die sagt, ich erziehe jetzt ein Jahrzehnt oder länger meine Kinder und nehme in Kauf, dass ich in meinem Beruf Nachteile haben werde – die kann ja nur so ticken, wie Frau von Storch tickt. Da entscheidet sich also eine bestens ausgebildete Frau, der wir zutrauen würden, ein Unternehmen zu führen – aber wehe sie wählt nicht das gesellschaftlich Angesagte. Wo liegt jetzt gleich noch der Unterschied zu den Zeiten, als Frauen die Wahl ebenso vorgegeben wurde, nur eben andersherum: Kindbett und Herd statt Hochschule und Karriere. Jedes Gesetz, dass es den Frauen, die Job und Familie wollen, leichter macht, finde ich gut. Alle Gesetze, die es Frauen, die sich lieber nur Kindern und Familie widmen wollen, schwerer macht, finde ich schlecht.

A Hallo, Horst! Wenigstens in Bayern gibt es doch die Herdprämie? Da wird Mutti sogar bezahlt, wenn sie zu Hause bleibt.

B Die Herdprämie war von Anfang an Unfug und wurde vom Verfassungsgericht gekippt. Sie war eine staatliche Belohnung für die Nicht-Inanspruchnahme einer staatlichen Leistung, da könnten auch alle Nichtschwimmer kommen und von der Stadt Geld verlangen, weil sie nie ins Freibad gehen. Nein, ich meine ein Gesetz wie die letzte Änderung des Scheidungsrechts: Damit haben sie einem bestimmten Familien- und

Lebensentwurf – ein Partner verdient Geld, der andere versorgt die Kinder – kurzerhand die Geschäftsgrundlage entzogen, noch dazu rückwirkend. Dieses Familienmodell müssen wir unseren Töchtern geradezu ausreden, weil nach neuem Recht gilt: Scheitert die Ehe, ist die Frau angeschmiert, wenn sie allein Kinder erzogen hat und nicht schon während der Ehe einer ordentlich bezahlten Arbeit nachging. Heißt: Der Staat hat eines von mehreren Familienmodellen de facto gekillt – das bedeutet weniger Freiheit als vorher. Die Politik ergeht sich in *social engineering*. Sie erzieht sich einen bestimmten Frauentypus entlang einer bestimmten Gesellschaftsideologie. Danke schön. Da soll sie sich gefälligst raushalten.

A Ja, mit einem solchen Gesetz erzieht sich die Gesellschaft selbst. Es zwingt Frauen dazu, ihr Leben in Selbstständigkeit zu denken. Und es zwingt Männer dazu, mehr Verantwortung für ihre Familien zu übernehmen. In diesem Gesetz spricht die Gesellschaft zu sich selbst performativ – sie prägt das Geschlechterverhältnis und die Rollenbilder neu. Richtig so. Früher waren die Frauen frei, sich dem Mann zu unterwerfen, und er war frei, für die Frauen zu bezahlen. Dieser Art von Freiheit trauere ich nicht nach.

Lügt die Lügenpresse?

B Ganz ehrlich, ich habe die Selbstkasteiung und Selbstbezichtigungen wirklich satt: Natürlich hat der Journalismus in Deutschland ein Problem, aber nicht eines mit der Qualität, wie so viele sagen – und ihre Kritik dann im Geschrei von der »Lügenpresse« gipfeln lassen. Der Journalismus in Deutschland ist insgesamt besser denn je und ein Lichtjahr besser als das, was etwa weite Teile der britischen Presse an schandbarer Faktenverdrehung und Lügenpropaganda rund um die Brexit-Abstimmung aufgetischt haben. In Deutschland steht der Journalismus in einem Strukturwandel, der die hergebrachte Finanzierung infrage stellt und eine Veränderungsgeschwindigkeit verlangt, die die meisten Verlage und Redaktionen überfordert.

A Sie sind gut – sie zählen lauter handfeste Probleme auf und sagen dann, es gäbe keine. Fangen wir mal an: Was meinen Sie denn mit Strukturwandel?

B Für unser Gespräch macht es doch einen Unterschied, ob sich der Journalismus gerade mit seinen eigenen Mitteln selbst um die Ecke bringt, also ein genuines Qualitätsproblem hat. Oder ob sich »nur« die gesellschaftlichen Bedingungen von Journalismus wandeln und damit einhergehend auch sein Geschäftsmodell. Ich glaube, wir erleben Letzteres. Und ich glaube, dass die Journalisten dafür weitaus weniger verantwortlich sind, als sie selber denken oder ihnen eingeredet wird. Was Sie früher mit einer normalen Regionalzeitung als

Verleger und Eigentümer verdienen konnten, satt zweistellige Umsatzrenditen nämlich, das kriegte man sonst nur mit Kinder- oder Waffenhandel zusammen. Diese Zeiten sind halt vorbei. Die Eigentümer und Verlagsmanager sind am Zug.

A Ganz genau. Und es sind gerade diese Entwicklungen, die den Journalismus in seine tiefste Krise stürzen. Das Sein bestimmt eben das Bewusstsein – das gilt auch hier. Wer hat den Menschen früher die Gegenwart erklärt? Schriftsteller, Journalisten, Wissenschaftler. Der Platz der Journalisten in dieser Reihe ist fraglich geworden. Wir können geradezu zuschauen, wie unser Berufsstand in die Irrelevanz gleitet. Es kümmert die Leute einfach nicht mehr in dem Maße wie früher, was wir zu sagen haben. Gleichzeitig bricht die wirtschaftliche Grundlage weg – die Entwicklungen sind miteinander verknüpft und sie sind katastrophal. Die große Ära des Journalismus begann Ende des 18., Anfang des 19. Jahrhunderts. Als Auflehnung gegen Herrschaft. »Die Zensur ist der Tod der Pressefreiheit und somit der Verfassung, welche mit dieser steht und fällt«, schrieb Philipp Jakob Siebenpfeiffer zur Zeit des Hambacher Fests. Es gibt genug Gegenden auf der Welt, wo die Zensur immer noch die größte Bedrohung des Journalismus darstellt. Bei uns ist das nicht der Fall. Bei uns ist es die Gleichgültigkeit.

B Journalismus ist die Wacht über die Macht, Erklärer des Komplexen und Forum für das große, stetig murmelnde Selbstgespräch einer Gesellschaft. Eine wirklich daseinsgefährdende Krise hätten wir nur, wenn sich nachweisen ließe, dass diese Dienste nicht mehr erbracht oder aus Misstrauen nicht mehr nachgefragt werden. Dann hätte das Wort von der »Lügenpresse« einen harten und gefährlichen Kern. Bislang aber ist es nur eine Ein-Wort-Verschwörungstheorie, die – wenn überhaupt – in die alte Bonner Bundesrepublik gepasst hätte. Da wurde Parteibuchjournalismus gepflegt, da kamen Sie in bestimmte Hintergrundkreise gar nicht hinein, wenn sie nicht die richtige politische Farbe trugen. Oder nehmen Sie nur die erste Frage aus dem Spiegel-Interview mit Helmut Kohl, 1976, als er aus Sicht der Hamburger hohen Herren so dreist war, gegen den Weltökonomen Helmut Schmidt anzutreten. »Herr Kohl, wie die Dinge nun einmal liegen, wollen Sie Kanzler der Bundesrepublik Deutschland werden und brauchen dafür am 3. Oktober die absolute Mehrheit der Wähler. Was, denken Sie, qualifiziert Sie in den Augen der Wähler für das wichtigste Amt im Staat – mehr beispielsweise als Ihren Mitbewerber Helmut Schmidt?« So viel verblasene Herablassung, so viel Parteinahme, beides wäre heute nicht mehr möglich. Das ist, neben vielem anderen, ein Fortschritt des Journalismus.

A Haha! Aber das ist doch großartig! Ich wäre so froh, wenn heute noch solche Interviews geführt würden. Sie mögen das für Hochmut halten – ich nenne das Selbstbewusstsein. Der amerikanische Reporter Gay Talese hat einmal gesagt, Journalisten sollen »Fremde« sein, also einen größtmöglichen Abstand halten. Ich will gar nicht, dass Journalisten immerzu ganz viel Verständnis für die Nöte und Sorgen und Zwänge der Politik haben. Und was den Parteibuchjournalismus angeht, ich bin erstens nicht sicher, ob der wirklich ganz und gar verschwunden ist. Sie können die Zeitungen – sicher aber die einzelnen Autoren – immer noch ziemlich gut entlang der Linien der politischen Parteien sortieren. Und was die Linkspartei angeht, gibt es sicher so etwas wie einen negativen Parteibuchjournalismus: Über die wird nämlich entweder gar nicht oder schlecht berichtet. Und zweitens bin ich nicht einmal sicher, ob ich den Parteibuchjournalismus wirklich so schlecht finde. Journalisten und Verleger haben eigene politische Präferenzen, alles andere wäre gelogen. Je klarer ich die als Leser erkennen kann, desto besser. Dann mag ich mir mein eigenes Bild machen. Nichts ist schlimmer als dieser verschwiemelt-verlogene Versuch einer scheinbar objektiven Berichterstattung.

B Der Inbegriff von westdeutschem Parteibuchjournalismus war die Frankfurter Rundschau. Was immer die linke SPD, Stichwort: Hessen-Süd, machte oder wollte, fand die FR gut. Und wenn Hessen-Süd morgen das Gegenteil wollte, fand die FR eben das Gegenteil gut. Irgendwann mochten das nicht mehr genügend Leser kaufen, wundert Sie das? Das Neue Deutschland lebt in Wahrheit doch nur noch, weil die SED ihr Vermögen in Sicherheit gebracht hat.

A Und die Welt gibt es nur noch, weil Springer sie stets subventioniert hat. Na und? Wir reden hier nicht vom öffentlich-rechtlichen Rundfunk, vergessen Sie das nicht. Ein Wort noch zur Arroganz: Die Art von Unabhängigkeit, die ich mir für den Journalismus wünsche, lehnt sich auch gegen das Gerede von der »Verantwortung« auf. Das ist eine der gefährlichsten Ideen, die ich mir denken kann. Journalisten haben Verantwortung nur für ihren Text. Er muss stimmen, er muss gut sein, er muss transparent sein. Sie haben keine Verantwortung für die Folgen, die so ein Text haben kann.

B Unabhängigkeit ist gut, aber nicht dasselbe wie Respektlosigkeit. Politische Journalisten machen zu oft den Gegenstand ihrer Berichterstattung gedankenlos schlecht – inzwischen hat das auf sie selber abgefärbt. Unser Problem ist doch nicht, dass wir zu wenig Kritik an der Politik üben. Sondern dass die Leser uns die Kritik zu oft nicht mehr abnehmen, und die Politiker die Kritik nicht mehr kratzt. Vor 40 Jahren ließen sich die Leser vielleicht davon beeindrucken, wenn sich ein Journalisten-Tausendsassa etwas gegenüber einem Spitzenpolitiker herausnahm. Da stand Respektlosigkeit für Furchtlosigkeit, heute ist das so angestaubt wie das Wort »Tausendsassa«. Einem Politiker ins Gesicht zu springen, ist oft nur noch Pose, durchschaubares Eigenmarketing, das ödet den Leser an, er ist doch längst viel weiter. Und was soll an journalistischer Verantwortung schlecht sein?

> Unabhängigkeit ist gut, aber nicht dasselbe wie Respektlosigkeit.

A Wenn man damit anfängt, diese vermeintliche Verantwortung zu übernehmen, endet man zwangsläufig im Bett mit der Macht. Sie wissen ja, *embedded* waren die Journalisten im zweiten Golfkrieg. Das war eine journalistische Katastrophe. Im Vietnamkrieg war die Berichterstattung der amerikanischen Presse freier, unzensierter und un-inszenierter und darum unglaublich eindrucksvoll. Im ersten Golfkrieg und in Afghanistan verfuhr das Militär sehr restriktiv mit den Medien.

135

Die Journalisten waren sauer. Also wurden sie im zweiten Golfkrieg eingebunden, sozusagen zum Teil der Truppe gemacht. Eine freie Berichterstattung gab es dann nicht mehr. Das hat zum Beispiel der Glaubwürdigkeit der New York Times schwer geschadet – und der Wahrheitsfindung nicht gedient. Der britische Guardian konnte sich damals als weltweite liberale Stimme etablieren, weil die Times eine Lücke gelassen hat. Verstehen Sie mich nicht falsch, ich nehme das Thema journalistische Ethik sehr ernst. Aber man kann immer nur die Verantwortung tragen, die man auch tragen kann. Ultra posse nemo obligatur, hatten Sie doch an anderer Stelle gesagt, nicht wahr?

B Großes Latinum? Großer Unfug. Natürlich sollen Journalisten nicht immerzu an die Folgen ihrer Geschichten denken. Aber eines verlange ich von jedem Kollegen: Dass er erkennt, wenn seine Geschichte große Folgen haben könnte. Das kann bedeuten, eine Geschichte, die allen journalistischen Standards genügt, nicht zu bringen. Ein Beispiel: Im Herbst 2008, nach der Lehman-Pleite, zu Beginn der Finanzkrise, hatten wir bei BILD an einem Sonntag Hinweise, dass bei Bankautomaten in bestimmten Regionen Deutschlands die großen Scheine ausgegangen seien. Etwas Ähnliches sollte auch die Bundesbank dem Kanzleramt gemeldet haben, hieß es in Berlin. Das ließ sich durch Recherche erhärten, und eine Schlagzeile: »Wann sind die Bankautomaten leer?« – mit Fragezeichen! – wäre vertretbar gewesen. Aber BILD kann, als Massen- und Leitmedium, in einer speziellen Situation vermutlich einen Bankrun auslösen. Darüber denken Sie besser drei Mal nach. An dem Sonntag gaben Kanzlerin Merkel und Finanzminister Steinbrück übrigens die berühmte Garantie für alle Sparguthaben ab.

A Ja, alle paar Jahre gibt es solche Fälle – einen Bankrun, die Gefährdung eines Agenten –, da spricht tatsächlich vieles dafür, dass der Journalist eine Abwägung trifft, ob die Veröffentlichung das Risiko wert ist. Aber meine Sorge ist, dass solche Abwägungen zur Routine werden. Plötzlich geht es nicht mehr um das Leben eine Menschen, das geschützt werden soll, sondern darum, eine politisch opportune Stimmung nicht ins Wanken zu bringen. Daher rührt doch auch das Misstrauen gegenüber den Medien, der Verdacht, dass Journalisten und Politiker unter einer Decke stecken. Es tut mir leid, dass nun gerade ich das sagen muss: Aber der Verdacht, dass Medien nicht über Straftaten berichten, wenn die Täter einen ausländischen Hintergrund haben, um den Rassismus nicht noch weiter zu befördern, der tut der Glaubwürdigkeit des Journalismus nicht gut.

B Aha, #Lügenpresse? Das meinen Sie jetzt nicht ernst, oder? Nach den Silvesterausschreitungen in Köln, nach dem Wüten eines, Entschuldigung, Sex-Mobs, hieß es, die Medien hätten das totschweigen wollen. Wahr ist: Die Kölner Polizei hat einen Tag lang Schwachsinn erzählt, von wegen friedlich-fröhlicher Party vor dem Dom. Davon haben sich die Medien eben diesen einen Tag lang in die Irre führen lassen, aber nicht länger. Dann wurde in Hunderten, wenn nicht Tausenden Stücken darüber berichtet. Früher gab es vielleicht diese breite vorauseilende *political correctness,* heute nicht mehr.

A Ich würde dieses Wort nie gebrauchen. Es ist kontaminiert und auch falsch. Unsere Medien lügen nicht systematisch und absichtlich und auf Kommando. Wir müssen aber anerkennen, dass es eine berechtigte Kritik an den Medien gibt, auch wenn sie leider nicht selten von den falschen Leuten vorgebracht wird.

B Da zetert eine kleine Minderheit, weil die große Mehrheit ihren Verschwörungstheorien nicht folgt. Für die gehöre ich zur Lügenpresse, weil ich a) nicht glaube, dass die CIA die Twin Towers gesprengt hat, b) nicht glaube, dass das jüdische Finanzkapital die Welt im Würgegriff hält und c) nicht glaube, dass Angela Merkel eine Undercover-Sowjetagentin ist, die Deutschland ruinieren soll. Für die, die »Lügenpresse« schreien, ist es übrigens auch ausgemacht, dass wir beide die besten Freunde und in Wahrheit immer einer Meinung sind ...

A Die verrückten Alu-Hut-Träger und Chemtrail-Gläubigen sind nicht mein Problem. Es geht um einen gigantischen Vertrauensverlust bei ganz normalen Leuten. Ende 2015 gab es eine Umfrage zur Glaubwürdigkeit der deutschen Medien. Ergebnis: Mehr als 40 Prozent der Leute halten unsere Medien für »nicht glaubwürdig« und ebenso viele glauben, dass es politische Vorgaben gibt. Die Sender und die Zeitungen haben das erkannt, sie befassen sich damit, sie gehen darauf ein – aber es ändert sich nichts.

> Es geht um einen gigantischen Vertrauensverlust bei ganz normalen Leuten.

B Sie denken *old economy*, Sie fokussieren allein auf die Printmedien. Die Reichweiten der allermeisten journalistischen Marken sind aber größer denn je, wenn man die Internet-Leser zu den Print-Lesern hinzurechnet. Das heißt: Es wurde nie so viel deutschsprachiger Marken-Journalismus konsumiert wie heute. Allerdings sind die Leser nicht mehr so markentreu wie früher, darauf müssen wir eingehen. In den USA sind schon eine Reihe Qualitätsformate wie Politico oder vox.com entstanden, die für eine kleinere, homogene Zielgruppe politischen Qualitätsjournalismus nur im Netz machen. Das ist ein Weg.

A Sie müssen mich nicht vom Online-Journalismus überzeugen. Die Zeitung, die ich verantworte, hat von Anfang an darauf gesetzt, dass Leser und Autoren und Redakteure allesamt Teilnehmer in einem Netzwerk sind, mit unterschiedlichen Funktionen und Rechten, aber im Prinzip gleichwertig. Das ist eine fundamental andere Sichtweise auf den Journalismus, als wir sie aus den vorgeblich guten alten Zeiten kennen. Überhaupt – der Begriff Online-Journalismus ist ganz unsinnig. Es gibt guten und schlechten Journalismus, das ist alles. Und ob der online zum Leser kommt oder per Brieftaube, das spielt keine Rolle. Und dann gibt es verschiedene journalistische Formate, Kommentare, Meldungen, Reportagen, Nachrichten, Kolumnen, was auch immer. Online erfordert allerdings mehr Selbstdisziplin, weil das Tempo, an das wir uns im Netz gewöhnt haben, auch zulasten der Qualität gehen kann. Darum zählt nicht: *Be the first.* Sondern: *Be the first who gets it right.*

B Online macht alles viel schneller. Manchmal suggeriert die rasante Abfolge von Stücken nur, dass wichtige neue Dinge passiert sind, dabei ist Politik ein ziemlich träger Prozess. Aber warum sollte sich das über kurz oder lang nicht einpendeln? Letztlich geht es für jede Marke, für jede Form von Journalismus um Glaubwürdigkeit. Was nutzen Ihnen die noch so vielen, schnellen Klicks, wenn die Werbewirtschaft spitz bekommt, dass Ihre Leser gar nicht bleiben, sondern weiter zappen. Verweildauer ist die kommende Währung, und Verweildauer, also nachhaltige Reichweite, erzielen sie am Ende nur mit der Qualität eines Produktes, ganz gleich, welchen Genres dieses Produkt ist.

A Ich habe gerade nicht von Reichweite gesprochen. Es ist doch paradox – die Leute konsumieren mehr Medien als früher, aber messen ihnen gleichzeitig weniger Bedeutung bei. Wir erzählen den Leuten also Dinge, sie hören zu – aber sie glauben uns nicht mehr. Je nachdem, welchen Begriff von Journalismus man hat, hält man das für ein Problem und für ein Zeichen der Krise – oder für einen Fortschritt hin zum emanzipierten Leser. Ich glaube an die aufklärerische Aufgabe des Journalismus. Wir müssen mehr sein als Nachrichtenboten. Aber wenn man uns das nicht mehr abnimmt, dann sind wir gescheitert.

B Stimmt. Die Fragmentierung von Adressaten und Absendern durch das Internet kann keiner mehr rückgängig machen. Aber wir Journalisten müssen die Sache ja nicht auch noch eigenhändig schlimmer machen. Ein Beispiel: Wer wie Michael Hanfeld, FAZ, über die Öffentlich-Rechtlichen schreibt, dürfte sich nicht wundern, wenn er bei der nächsten Pegida-Demo als Kronzeuge gegen die »Lügenpresse« zitiert wird. Ich hab mir Hanfelds Stück damals ausgerissen: Erst nennt er die Flüchtlingspolitik der Bundesregierung »kopflos«, was man so sehen kann, gerade bei der FAZ. Aber dann zieht er über die Sender her, die seine Meinung nicht teilen, und diffamiert, was sie machen, als willfährigen »Willkommens-Journalismus«, weil ja jeder sehen müsse, dass die Regierung kopflos agiere. Es ist der klassische Zirkelschluss der Verschwörungstheoretiker: Die These beweist die Prämisse und aus der Prämisse wird die These abgeleitet. Pegida Alaaf. Es gibt nur einen wirklich großen Fehler, den Journalisten machen: den Leser für doof zu halten, für den Empfänger irgendeiner gottgegebenen Frontalbelehrungs-Mission. Und nicht für jemanden, der sein Leben Tag für Tag auf die Reihe kriegt, und allein deshalb nicht von oben herab behandelt werden sollte.

Man kann nicht anders, als diese Karte zu lieben: Sie zeigt die Staaten des großen Europa, von Portugal bis Russland, von Norwegen bis zur Türkei und Zypern. Ein generelles Tempolimit auf Autobahnen hat jedes einzelne Land davon. Nur nicht eines: meines.

Politiker, die das ändern wollen, müssen sich in Deutschland seit jeher warm anziehen. Beim Tempolimit auf Autobahnen kennen die Wähler weder Parteien noch Freunde, und das ist gut so. Die schwarz-rot-goldene Strebernation leistet sich ein kleines Wenig an innereuropäischer Unbotmäßigkeit, an *laissez-faire*, ja, an jakobinischer Widerständigkeit, das ist bemerkenswert. »Freie Fahrt für freie Bürger«, das mag altbacken klingen. Der Slogan stammt aus den 70er Jahren und nicht zuletzt vom ADAC, dem Inbegriff teutonischen Spießertums. Dennoch: Über diesen Slogan machen sich vornehmlich Leute lustig, die mit der Idee von Freiheit auch sonst nicht viel anfangen können.

Der Staat sollte dort reglementieren, wo er muss, und nicht auch dort, wo er nur kann. Das Tempo auf einem Autobahn-Abschnitt zu beschränken, der nicht in Schuss ist – darüber gibt es keine zwei Meinungen. Das Tempo auf freier und guter Strecke auf 100 km/h zu drosseln – das hingegen ist ein Akt behördlicher Willkür. Eine Übersprungshandlung der Sesselpuper in den Ämtern, die nicht schnell fahren mögen oder es nicht können. Und

Wer braucht ein Tempolimit?
Augstein

A

Es gibt Fragen, die sind so blöd, dass man sich beinahe über sie freut. Überall drohen Unsicherheit und Gefahren: Russland, Trump, Migration, Fußpilz – wie retten wir uns? Und dann gibt es die Frage nach dem Tempolimit. Die ist so klar und so einfach und sorgt dennoch für so viel Streit. Nie war es leichter, recht zu haben. Also: jeder weiß, dass ein Tempolimit vernünftig ist und jeder weiß, dass es irgendwann kommen wird. Und gerade darum kann man sich über das Tempolimit so herrlich in die Haare kriegen. Es geht in Wahrheit um nichts.

Das Tempolimit ist ein Problem von gestern. Aus der guten alten Zeit, als die Erde noch eine Scheibe war und wir im Fernsehen drei Programme hatten und im Bundestag drei Parteien. Fakten und Vernunft sprechen für das Tempolimit. Die Anzahl der Verkehrstoten ist auf Autobahnabschnitten ohne Tempolimit um 28 Prozent höher als auf Strecken, auf denen nicht gerast werden darf. Das Ausland versteht uns ohnehin nicht. Ob man schleichen muss wie in den USA oder mit vollkommen ausreichender Geschwindigkeit unterwegs sein darf wie in Frankreich – praktisch jedes Land der Erde kennt ein allgemeines Tempolimit. Nur die Deutschen nicht. Was ist mit uns los? Bei uns läuft tatsächlich alle Sehnsucht nach Freiheit und Grenzenlosigkeit in der Erlaubnis zusammen, der NDW-Zeile »Mein Maserati fährt 210« nachzueifern.

B es anderen missgönnen, weil sie nicht verstehen, was die daran finden.

Abseits aller technischen Sicherheitsaspekte ist das Autobahn-Tempolimit eine eminent gesellschaftliche Frage, nämlich eine der Haltung: Es beschränkt die unendlich vielen bedachten, schnellen Fahrer, nur damit die wenigen unverbesserlichen Raser Strafzettel bekommen, wenn überhaupt. Dahinter steht die Frage nach dem Augenmaß bei staatlichen Eingriffen in Freiheit und Selbstverantwortung des Einzelnen.

Das Tempolimit macht zudem Ungleiche zu Gleichen, wo es nicht sein muss. Warum soll nicht schnell fahren dürfen, wer es beherrscht und es sich leisten will? Wer aus sozial-hygienischen Gründen trotzdem ein Tempolimit will, sollte sich zuerst bitte darum kümmern, die erste Klasse in der Eisenbahn abzuschaffen: In den vornehmen Waggons findet sich eine viel homogenere Gruppe wohlhabender Menschen als auf den Fahrersitzen PS-starker Autos, die auf Autobahnen schnell gefahren werden. Heißt: Das Tempolimit auf der Autobahn nähme den weniger gut Gestellten im Land eine Chance, die besser Gestellten auch einmal hinter sich zu lassen. Wie Linke das Tempolimit gut heißen können, ist mithin ein großes Rätsel. Lasst ab davon!

Natürlich, es gibt das Argument der überlegenen deutschen Automobilindustrie, deren Überlegenheit eben mit der Freiheit auf deutschen Straßen zusammenhängen soll. Aber es gibt so viele Wege, auf denen die deutsche Industrie die Überlegenheit ihrer Autos demonstrieren kann: Sicherheit, Zuverlässigkeit, Design, Vernetzung, Sparsamkeit. Es wird nicht mehr lange dauern und noch der letzte BMW-Fahrer wird begreifen: Starke Motoren sind von gestern.

Das glauben Sie nicht? In Berlin gibt es ein Stück Autobahn, das Avus heißt. Die Automobil-Verkehrs- und Übungsstraße. Sie 8,3 Kilometer lang und die erste Autobahn der Welt. Als Berlin geteilt war, gab es auf der Avus kein Tempolimit. Auf 8,3 Kilometern durften die Berliner mit ihren Autos so schnell fahren wie sie wollten. Wer richtig aufs Gas trat, brauchte zwei Minuten vom Funkturm bis zur innerdeutschen Grenze. Zwei Minuten Freiheit.

Nach der Wende wurde auf der Avus ein Tempolimit eingeführt. Das war eine Revolution. Westberlin stand Kopf. Der Osten hatte sich gerade die Freiheit erstritten – aber in Westberlin bekam der Slogan »Freie Fahrt für freie Bürger« eine ganz andere Bedeutung. Am Ende half es nichts. Das Tempolimit gilt heute noch. Die Leute haben sich daran gewöhnt.

HEIMAT

Sind wir endlich ein normales Land?

B Ob wir ein normales Land sind? Lieber Augstein, schon die Frage ist eine Frechheit. Eine Frechheit, die es interessierter Seite möglich macht, politischen Auseinandersetzungen einen kommoden Rahmen zu setzen und Andersdenkende auszugrenzen. Zugelassen ist nämlich, mit Verweis auf unsere alles andere als »normale« Vergangenheit, nur eine Antwort: »Nein, Deutschland ist natürlich kein normales Land.« Und dann darf sich der Michel brav wieder setzen, weil das hat er fein gemacht mit der Antwort. Wer es aber anders sieht, heute, in der Mitte der Zehnerjahre des 21. Jahrhunderts, der macht sich in den Augen der öffentlich-rechtlichen Lufthoheiten geradewegs der Geschichtsleugnung verdächtig – und darf also vom Platz gestellt werden. Ich sage: Auch wenn sie Unfassbares, Unsägliches, Unvorstellbares zu verantworten hatten, können ein Land und ein Volk normal sein oder es zumindest werden. Die Frage, ob Deutschland und die Deutschen »normal« sind, wird anormal oft gestellt.

A Merkwürdig, dass das Thema Sie so umtreibt. In solchen Fällen hilft es natürlich, wenn man mal die Begriffe klärt. Was meinen wir hier mit »normal«? Wir meinen damit, dass Deutschland wegen seiner Vergangenheit nicht anders behandelt oder angesehen wird als andere Länder, sich nicht anders fühlt, sich nicht anders verhält. Daran sehen Sie schon: Deutschland wird in diesem Sinne in absehbarer Zeit kein normales

Land werden. Die Frage ist nur, wie man damit umgeht. Wer weiß, was in hundert Jahren sein wird. Aber sonderbar ist schon, dass es Ihnen so schwer fällt, das einzuräumen. Akzeptieren sie es doch einfach. Genau das meint man doch, wenn man sagt, dass wir die Verantwortung für die Shoa tragen müssen. Sonst wäre das ja ein leeres Wort.

B Natürlich unterscheidet die Schuld an der Shoa die Deutschen von jedem anderen Volk auf dem Planeten und zwar bis ans Ende aller Tage. Das werden wir nicht los, und so gesehen sind wir natürlich nicht normal. Aber der Satz zielt auf viel mehr ab, denn es steckt darin die Unterstellung, wir seien in breiter Masse auch heute noch verführbar und permanent rückfallgefährdet. Selbst Angela Merkel glaubt das. In das Gästebuch einer Holocaust-Gedenkveranstaltung habe ich sie einmal schreiben sehen: »Weil man nie sicher sein kann, ob die Menschen klüger werden, müssen die politischen Institutionen in Deutschland bleiben, wie sie sind.« So folgt aus dem ewig singulären Verbrechen des Judenmords eine ebenso ewig gültige Sozialprognose für das deutsche Volk. Und daraus wiederum eine kaum mehr angreifbare Tagespolitik, in diesem Fall die Absage der Kanzlerin an Volksabstimmungen auf Bundesebene. Das nennt man Diskurshoheit, da kann die Linke eine Menge lernen bei Mutti.

A Dieses Problem, das Sie da bedrückt, das sieht der Bundespräsident auch. Er hat einmal in einer Rede gesagt, er wolle »eine Bitte an uns Deutsche richten: dass auch wir diesem grundlegend gebesserten Land zuallererst in der Grundhaltung des Vertrauens begegnen«. In jedem anderen Land wäre das ein vollkommen absurder Satz. In Deutschland versteht jeder sofort, was gemeint ist. Für uns bedeutet Normalität etwas anderes als für die anderen. Wir waren an Orten, die die anderen nicht kennen. Sie mögen das für Schuldpathos halten. Aber mit dem Bewusstsein dieser Schuld, die uns von den anderen unterscheidet, geht das Pathos unweigerlich einher. Die deutsche Gesellschaft leidet immer noch unter einer Neurose. Ihnen wäre es lieber, man könnte das einfach abstellen. Aber das geht nicht. Sagt Ihnen der Name Tatjana Festerling noch etwas? Die war früher mal in der AfD und wurde dann zur Pegida-Demagogin und schwang in Dresden rechte Reden. Am 77. Jahrestag der Reichspogromnacht rief sie: »Schluss mit dem Schuldkult«, sie erklärte »den Schuldkomplex aus zwölf Jahren Naziherrschaft offiziell für beendet« und dann rief sie in die Menge: »Ihr lasst die Vergangenheit jetzt los!« Gespenstisch – aber eben auch erhellend: eine rechte Absolution im Rahmen einer schwarze Messe der deutschen Geschichte. Irre. In all den Leuten, die ihr da zujubelten, schmort das dringende Bedürfnis nach Freispruch. Und in Ihnen auch, lieber Kollege.

B Es geht nicht um Freispruch. Es geht um Veränderung. Kann ein Volk lernen, sich läutern, sich verändern? Oder kann es das alles nicht? Ich meine, das geht. Aber für Sie darf das nicht sein, denn für Sie haben die deutsche Schuld und die deutsche Neurose auch eine tagespolitische Funktion. Sie wollen damit Begriffe und Ideen ausgrenzen, die Ihnen nicht passen oder die

Ihnen einfach nicht geheuer sind. Zum Beispiel alles, was mit dem Wort Führung zusammenhängt. Und mit Nation, Heimat, Leitkultur oder meinetwegen Schwarz-Rot-Gold.

A Halten Sie auch unser Verhältnis zu Israel für normal?

B Natürlich ist unser Verhältnis zu Israel anders als das Verhältnis zu allen übrigen Staaten auf der Welt. Die Sicherheit des jüdischen Staates ist deutsche Staatsräson und basta. Aber das hat nichts damit zu tun, dass alle eben genannten Begriffe bis vor nicht allzu langer Zeit toxisch waren für deutsche Politiker. Diese Versuche von Stigmatisierung werden von interessierter Seite zwar immer noch unternommen, aber sie verfangen beim breiten Publikum nicht mehr. Das bedeutet für mich, dass die Deutschen auf sehr gelassene Art und Weise zusehends normal werden. An diesen Punkten muss sie niemand mehr vor sich selber schützen. Wir sind längst im Westen angekommen, in der Mitte von Nationen, die allesamt kein Problem mit diesen Begriffen haben.

> Die Sicherheit des jüdischen Staates ist deutsche Staatsräson und basta.

A Heimat und Leitkultur sind ganz wichtige Begriffe. Ich finde es richtig, dass wir sie uns langsam wieder erobert haben. Das bedeutet eine Normalisierung im Sinne einer Angleichung an das, was in anderen Ländern üblich ist. Andere solche Normalisierungen finde ich sehr bedenklich. In Deutschland kann man seit Thilo Sarrazin wieder offen fremdenfeindlich sein, so wie in anderen europäischen Ländern. Und da gibt es einen sonderbaren, schlimmen Mechanismus: Wir halten eine ordentliche Portion Islamfeindlichkeit inzwischen für eine europäische Normalität, die wir uns auch leisten wollen. Und dann freuen wir uns geradezu darüber, dass wir so erbärmlich geworden sind wie die anderen. Gleichzeitig befreit uns das von der alten Schuld. Wir exkulpieren uns von der Schuld der Vergangenheit durch eine gegenwärtige Schuld. Das nenne ich neurotisch.

B Haben Sie schon einmal von der frühchristlichen Lehre der »felix culpa« gehört? Der Lehre von der seligen, weil heilsnotwendigen Schuld, so stand es in der FAZ? »Felix culpa« öffnet gerade jenen den Weg zu moralischer Überlegenheit, die durch das Feuer der größtmöglichen Amoralität gegangen sind. Soll heißen: Weil man aus Fehlern ja lerne, hätten die Deutschen am meisten gelernt, weil unser Fehler der größte gewesen sei. Toll. »Schuldkult« ist ein perverses, schier unerträglich hämisches Wort der Rechtsextremen. Das will ich nicht verwenden. Aber »Sündenstolz«, wie es zum Beispiel Hendrik M. Broder vor Jahren einmal genannt hat, trifft es ganz gut.

A Das ist ein interessantes Wort aus einem schwierigen Text des Philosophen Hermann Lübbe, das Sie da zitieren. Lübbe meinte das damals ironisch. Er wollte belegen, dass es für die Bundesrepublik in ihren ersten Jahrzehnten geradezu lebenswichtig gewesen sei, die Verbrechen der Nazizeit möglichst zu verschweigen. Als er das zu Beginn der 80er Jahre schrieb, gab es einen Aufschrei der Empörung. Zu Recht, wie ich finde. Heute werden solche Debatten milder geführt – auch ein Zeichen für die von Ihnen beschworene Normalisierung.

Aber Sie sind mir eben zu schnell von Frau Festerling weggekommen. Bleiben wir doch da mal. Warum brauchen AfD und Pegida und die ganzen Neurechten andauernd die Abgrenzung zur Nazizeit für ihre Politik? Wenn in Frankreich oder England rechte Parteien auftreten, dann bedienen sie sich der ganz normalen, widerlichen Rhetorik der Fremdenfeindlichkeit. Das kennen wir hier auch. Aber bei uns kommt immer noch etwas anderes, deutsches, hinzu: eine geradezu obsessive Beschäftigung mit der Nazizeit. Die Rechten wollen sich einerseits immerzu davon abgrenzen, andererseits wollen sie ihre Bedeutung in der Gesamtschau der deutschen Geschichte relativieren. Finden Sie das normal?

B Tiraden wie die von Frau Festerling gehen an Selbstwahrnehmung und Selbstbewusstsein der großen Mehrheit vorbei. Man darf nicht von der Neurose linker oder rechter Hardliner auf den Geisteszustand der Masse schließen. Es gibt diesen antisemitischen Nationalcharakter nicht, den Daniel Goldhagen in seinem Buch 1996 behaupten wollte. Solche Thesen bringen alle Politik zum Verschwinden: Wenn es nämlich eine Krankheit war, ein deutscher Gendefekt, dann ist niemand mehr individuell schuldfähig, noch nicht einmal die mörderischen Nazi-Instutionen. So einfach hat man es sich nach dem Krieg mit ganz anderen Motiven gemacht. Beschämend lange gab es so gut wie keine Aufklärung und Aufarbeitung der Nazizeit, das ist nicht zu entschuldigen. Später jedoch ist Deutschland zu einem Vorbild an Selbstbefragung geworden. Dieses erreichte Niveau ist nicht gefährdet, wie sollte das geschehen? Die Morde des NSU sind skandalös lange unentdeckt gebliebene Neonazi-Verbrechen, aber ich kann nicht finden, dass sie etwas Relevantes über den durchschnittlichen Deutschen aussagen. Bleibt Ihre Frage: Müssen wir es als »normal« hinnehmen, dass es eine mehr oder weniger fremdenfeindliche Partei in Deutschland gibt? In dem Land, in dem Fremdenfeindlichkeit bis zum millionenfachen Mord getrieben wurde? Wäre der Einzug einer solchen Partei in den Deutschen Bundestag ein kollektiver Verrat an unserem Erinnern der Shoa? Ich glaube nicht.

A Wissen Sie was? Ihre Normalität ist für mich ein Rückschritt. Ich will gar nicht, dass Deutschland normal ist.

Wie viel Fremdes ist zu viel?

A Deutschland hat im Jahr 2015 mehr als eine Million Menschen aus anderen Ländern aufgenommen – gehören Sie auch zu denen, die jetzt um Ihre Heimat fürchten?

B Das ist interessant, dass plötzlich das Wort Heimat fällt. Die Linke, Leute wie Sie also, haben diesen Begriff jahrzehntelang diffamiert und in die rechte, völkische Ecke schieben wollen. Wer den Menschen aber die Worte verbietet, nimmt ihnen auch die dazugehörenden Gefühle. Und dann wundern Sie sich, dass Teile der einheimischen Bevölkerung erst wie entwurzelt und dann wie entfesselt erscheinen. Dabei ist Heimat ein zutiefst unschuldiger Begriff, mehr eine Empfindung des Einzelnen als eine Tatsache.

A Vielleicht haben Sie Verständnis dafür, dass es nach den schrecklichen Erfahrungen, die die Welt mit dem deutschen Nationalismus gemacht hat, einige Jahrzehnte gedauert hat, bis man in Deutschland als halbwegs vernünftiger Mensch das Wort Heimat etwas unbeschwerter in den Mund nehmen kann. Ich habe damit heute kein Problem. Aber um so beunruhigender ist es, dass das Wort schon wieder in den Dienst des ausländerfeindlichen Ressentiments gestellt wird. Der Begriff war gerade historisch gereinigt, jetzt wird er schon wieder von den Rechten befleckt – denn die Befürchtung, die Flüchtlinge würden uns unsere Heimat wegnehmen, ist doch abwegig.

B Heimat darf inzwischen also selbstgemachte Himbeermarmelade vor Kreidefelsen meinen, aber bitte nicht mehr. Na, wenn das kein Fortschritt ist: Für den Heimatbegriff eines Landlust-Heftchens reicht die Toleranz der Linken, alles andere ist nach wie vor rechtsradikal. Wahr ist doch: Heimat ist wichtiger denn je. Sie gibt den Menschen einen Rahmen, den sie schätzen und vielleicht auch brauchen, weil so viele andere Rahmen und Grenzen verschwunden sind. Heimat ist im besten Sinne überschaubar, durchschaubar und manchmal auch angenehm träge. Wenn Zuzug von Fremden unbegrenzt stattfindet, ergibt sich eine Spannung zum Gefühl und Konzept von Heimat.

Heimat ist mehr als selbstgemachte Himbeermarmelade.

A Sie haben eben angedeutet, es seien die Linken gewesen, die den Leuten den Heimatbegriff madig gemacht hätten und die darum mitverantwortlich für die Entwurzelung der Menschen seien. Das ist natürlich Unsinn. Es sind weder die Linken, die die Menschen entwurzeln, noch sind es die Ausländer – in Sachsen sind 0,1 Prozent der Bevölkerung Muslime –, die können nicht für das Gefühl der Entwurzelung verantwortlich sein, das die Menschen im Osten Deutschlands haben. Es ist der Prozess der Globalisierung. Denn Sie haben natürlich recht: Heimat braucht Grenzen. Aber es ist die Globalisierung, die diese Grenzen infrage stellt. Das wollen weder Sie noch ich ändern. Wir müssen dann aber erklären: wie bewahrt man Heimat, was ist Heimat, unter den Bedingungen der Globalisierung?

B Wenn die nationalen Grenzen auch nicht mehr das sind, was sie einmal waren, dann ist die naive Vorstellung der »Eine Welt-Läden« wahr geworden – aber anders als gedacht. Die Flüchtlingskrise ist die räumliche und physische Globalisierung der Menschen, nach der physischen der Waren und der virtuellen der Finanzen. Zugleich ist die schwindende Macht des Nationalstaates eigentlich nichts Neues, sie ist ja die Begründung der europäischen Einigung seit 1957. Trotzdem gibt es nach wie vor die Erwartung an die Steuerungsfähigkeit des Staates, im Osten ist sie übrigens deutlich größer als im Westen, vielleicht schneidet die AfD deshalb in den neuen Bundesländern besser ab als in den alten. Und es war ja tatsächlich verstörend, von der Bundeskanzlerin zu hören, dass wir unsere nationalen Grenzen nicht schützen können – zumindest nicht mit vertretbaren Mitteln. Heißt: Wenn man die Grenzen offenhalten will oder nicht mehr schließen kann, aber die Deutschen sich weiterhin in ihrer Heimat wiederfinden sollen, dann müssen die, die als Fremde kommen, sich anpassen. Sie müssen sich assimilieren.

A Wissen Sie eigentlich, was Assimilation bedeutet? Es ist die Anverwandlung eines körperfremden in einen körpereigenen Stoff. Wenn das meint, dass sich der eigene Körper dabei nicht verändert, dann kann es gar keine Assimilation von Einwanderern geben. Denn jede Gesellschaft ändert sich durch Einwanderung. Das ist keine Haarspalterei, sondern eine zentrale Erkenntnis, die leider in der Debatte immer zu kurz kommt. Kein noch so strenges Gesetz könnte verhindern, dass Deutschland sich durch Einwanderung verändert. Es gibt kein Bleiberecht in der Vergangenheit! Auch die Heimat ist einem dauernden Wandel unterworfen.

B 100 von 100 Punkten auf der Skala kontinentaleuropäischer Binsenweisheiten. Amen.

A Was Sie für eine Binse halten, muss man der AfD und der CSU noch erklären. Aber lassen Sie uns doch lieber darüber reden, was wir unter Heimat verstehen. Ich finde, Heimat liegt im Inneren des Menschen. Wenn sie nur etwas Äußerliches wäre, hätten wir mit noch so vielen Einwanderern kein Problem – denn noch so viele Muslime im Land würden nichts daran ändern, dass Rügens Kreidefelsen sich in der glitzernden Ostsee spiegeln, oder so …

B Natürlich verändert sich über die Generationen, was man unter Heimat versteht. Es gibt keine abschließende Definition, wir reden ja nicht über einen Eimer Zement. Für mich ist Heimat, was mich stabil und über lange Zeit umgibt. In früheren Zeiten hätte auch die Region dazu gehört, der Landstrich, in dem man oft sein ganzes Leben lebte. Aber diese Zeiten sind vorbei. Darum sind Familie und Freunde die Heimat. Ich stamme aus dem Rheinland, aber ich würde es deshalb nicht mehr meine Heimat nennen, weil dort kaum einer meiner Freunde lebt. Es geht aber um etwas anderes: Wer darf bestimmen, wie schnell und wie stark der Zuzug von Fremden das verändert, was sie hier vorfinden und wir wiederum auf unterschiedlichste Weisen »Heimat« nennen. Bestimmen die Fremden, oder bestimmen wir? Und damit wir uns nicht falsch verstehen: Es geht nicht um *white supremacy*, wie die Linke gern unterstellt. Zu dem »Wir«, das ich meine, gehören ganz viele, deren Familien ausländische Wurzeln haben. Im Jahr 2013, vor der großen Flüchtlingswelle, lebten 16,5 Millionen Menschen mit Migrationshintergrund in Deutschland, die Hälfte mit deutschem Pass. Das ist ein Sechstel der Gesamtbevölkerung, in Nordrhein-Westfalen und in Baden-Württemberg liegt der Anteil über 25 Prozent, in bestimmten Großstädten wie Stuttgart, München oder Nürnberg bei bald 40 Prozent. So bunt ist das »Wir«.

A Es gibt einen Satz von Jean Améry: »Zu viel Heimat gibt es nie. Aber jeder muss wissen, dass nicht nur er Heimat braucht, sondern andere auch. Das schlimmste Verbrechen, vergleichbar dem Mord, ist es, einem anderen die Heimat zu rauben oder ihn aus seiner Heimat zu vertreiben.« Die Flüchtlinge sind vertrieben worden, ihnen hat man ihre Heimat geraubt. Aber uns doch nicht. Die Fremden bedrohen unsere Heimat nicht. Wenn überhaupt, dann übernehmen wir das selbst, durch die Folgen von Globalisierung und Technisierung. Ich habe ein anderes Verständnis dieses Begriffs. Heimat, das sind für mich Erinnerungen an meine Herkunft und an das, was mich geprägt hat. Aber sicher nicht das »Geheime Deutschland«, von dem Botho Strauß gesprochen hat, als er sich mal wieder um das Verschwinden seiner Heimat sorgte. Strauß hat ja allen Ernstes geschrieben: »Dank der Einwanderung der Entwurzelten wird endlich Schluss sein mit der Nation und einschließlich einer Nationalliteratur. Der sie liebt und ohne sie nicht leben kann, wird folglich seine Hoffnung allein auf ein wiedererstarktes, neu entstehendes ›Geheimes Deutschland‹ richten.« Nein. Das ist Unsinn. Was wir unter Heimat verstehen, wandelt sich und bleibt sich gleich. Beides ist richtig.

B Portable Heimat? Sehr schön. Aber das hält kein Land zusammen, und erst recht nicht, wenn auf einen Schlag ganz viele Menschen kommen, die in ihrem bisherigen Leben, in ihrer bisherigen Heimat andere Werte, Sitten und ein anderes kulturelles Erbe aufgenommen haben. Indem Sie Heimat zur Privatsache erklären, wollen Sie sich drücken vor der Frage, wer in Deutschland Regeln und Werte definiert und durchsetzt. Das war der Jahrhundertfehler der Linken und Grünen und hat geradenwegs auf den Irrweg von Multikulti geführt.

A Die Frage nach der Identität stellt sich in einem Einwanderungsland besonders dringend. Wenn Sie – so wie ich – Multikulturalität wollen, geht das nur unter dem Dach einer verbindenden Leitkultur. Über die müssen wir reden. Und diese Debatte möchte ich nicht der AfD oder der CSU überlassen. Leitkultur ist auch ein Thema für Linke und Liberale. Der Rat für Migration hat einmal vorgeschlagen, eine Enquete-Kommission beim Bundestag zu dem Thema einzusetzen. Warum nicht? Ich glaube nicht, dass unsere Leitkultur auf ein DIN-A4-Blatt passen wird. Aber die Debatte darüber, die kann uns allen nützen. Denn alle Anforderungen, die wir an die Migranten stellen, müssen wir zuerst selber erfüllen. Das bedeutet, die Frage nach der Identität müssen wir uns selber stellen.

> Die Frage nach der Identität stellt sich in einem Einwanderungsland besonders dringend.

B Man vergisst, wie verfemt der Begriff »Leitkultur« vor wenigen Jahren noch war, aber sei's drum. Jetzt geht es um Integration und vor allem darum, nicht die Fehler aus den 60er, 70er und 80er Jahren zu wiederholen, als Millionen Gastarbeiter kamen und mit ihren hier geborenen Kindern blieben. Dieses Mal muss man sehr früh sehr praktisch werden: Dürfen muslimische Eltern ihre Töchter weiter aus dem Schwimmunterricht und von der Klassenfahrt abmelden? Sollen Minarette höher sein dürfen als Kirchtürme? Tolerieren wir die alltägliche Frauenverachtung nordafrikanischer Testosteron-Bomben? Das Asylrecht ist präzisiert und an manchen Stellen verschärft worden, aber das reicht nicht.

A Es ist interessant, dass Sie das Beispiel mit dem Schwimmunterricht bringen. Das ist ja in aller Munde, wenn es um die angeblich integrationsunwilligen Muslime geht. In Wahrheit ist es nur ein Beispiel für deutsche Vorurteile. Es gibt eine Studie des Bundesamtes für Migration, nach der gerade mal 1,9 Prozent der muslimischen Mädchen an deutschen Schulen aus religiösen Gründen die Teilnahme am Schwimmunterricht ablehnen. Das sollten wir aushalten, denke ich. Denn natürlich gilt die Schulpflicht für alle. Die BILD-Zeitung hat einmal eine Liste mit Integrationsforderungen aufgestellt. Da gab es den Punkt: »Wer seine Kinder den staatlichen Gesundheitsuntersuchungen entzieht, muss mit Sanktionen rechnen.« Das muss dann für alle Menschen in Deutschland gelten. Daran sieht man: Migration stellt uns selbst vor die Herausforderung zu klären, wer wir sind. Ein anderes Beispiel ist das Sexualstrafrecht: Die berüchtigte Silvesternacht von Köln hat uns daran erinnert, dass unser Sexualstrafrecht sehr reformbedürftig war. Es war aber die CDU, die sich jahrelang geweigert hat, daran etwas zu ändern – weil sie dem deutschen Mann keinen Staatsanwalt ins Schlafzimmer stellen wollte.

B Das Ganze ist kein Prozess auf Augenhöhe, in dem alles Hiesige noch einmal zur Diskussion gestellt wird, nur weil eine große Zahl von Migranten und Flüchtlingen hinzutreten, denen naturgemäß fremd ist, was sie vorfinden. Der Tennisverein redet auch nicht plötzlich über alle seine Clubregeln, nur weil zehn neue Leute auf einmal beitreten, die vorher immer Fußball gespielt haben.

A Das ist ja ein sonderbarer Tennisclub: Da gelten für die Neueinsteiger also eigene Regeln? Denn das ist es doch, wovon Sie reden, wenn Sie Gesetze erlassen wollen, die angeblich der Integration dienen, die aber nur für Ausländer gelten.

B Die Regeln gelten natürlich für alle gleichermaßen, Deutschland ist ein Rechtsstaat. Aber sich alten und neuen Regeln zu fügen, wird den Fremden mehr abverlangen als den Alteingesessenen. Ich kann mir übrigens gut vorstellen, dass viele Flüchtlinge einen solchen Rahmen geradezu wünschen, weil sie aus Ländern geflohen sind, in denen statt eines Rahmens aus Recht und Sitten nur noch Willkür und Gewalt herrschen. Wirklich heikel wird es in Deutschland für alle Beteiligten erst, wenn es nicht mehr allein um die Qualität von Zuwanderung und Integration geht, sondern auch um deren Quantität – um Zahlen. Dann sind wir ganz schnell bei einer echten Debatte um eine Obergrenze und nicht nur bei dem Spontan-Geblubbere von Horst Seehofer im Winter 2015.

A Der Begriff der Obergrenze ist irreführend und gefährlich. Nach unserem Asylrecht kann es keine Obergrenze geben. Unser Grundgesetz verpflichtet uns tatsächlich zur grenzenlosen Hilfe. Einerseits. Andererseits weiß jeder, dass wir nicht alle 60 Millionen Flüchtlinge – so viele sind es auf der Welt im Moment – bei uns aufnehmen werden. Die Obergrenze liegt also irgendwo unter 60 Millionen. Aber daran sehen Sie schon, wie unsinnig diese Frage ist.

B So einfach lässt sich das Problem nicht wegdefinieren. Die Leute fragen, wie viel Fremdes ihr Land in einem bestimmten Zeitraum aufnehmen und integrieren kann. Sie fragen nach den Grenzen. Das ist legitim. Ralf Dahrendorf hat einmal geschrieben: »Grenzen schaffen ein willkommenes Element von Struktur und Bestimmtheit.« Das ist nicht nur geografisch zu lesen. Grenzen haben auch etwas mit Begrenzung zu tun, die ganz praktisch notwendig werden könnte: Die Integration der Migranten wird ja in der Regel nicht in Villenvororten oder Kleinstadt-Gymnasien vonstattengehen, sondern an den Rändern der Gesellschaft, bei den einfachen Arbeitern im Betrieb und bei den Nachbarn im Sozialen Wohnungsbau. Heinz Bude, der Soziologe, nennt diese Bereiche der Gesellschaft das »Dienstleistungsproletariat«, zwölf bis fünfzehn Prozent aller Beschäftigten sollen dazu gehören, Nettoeinkommen 900 bis 1100 Euro im Monat. Dieser Teil der Gesellschaft ist bereits prekär und dabei zu verrohen; seine Fähigkeit, Fremde zu integrieren, ist begrenzt. Darum geht unbegrenzter Zuzug nicht. Oder wie es auf Latein heißt: Keiner ist verpflichtet, mehr zu leisten, als er kann. Ultra posse nemo obligatur.

So weit kommt's noch, nix da: Keine neuen Schulden mit der Ausrede, dass die Flüchtlinge viele Milliarden kosten. Das tun sie zwar, aber der Staat – von den Kommunen bis zu Wolfgang Schäuble – schwimmt im Geld. Bald 700 Milliarden Euro werden 2016 bei Bürgern und Firmen eingetrieben, mehr denn je, Tendenz steigend. Das reicht.

Die Frage ist nicht nur eine von Zahlen. Sie hat einen eminent politischen Kern: Wenn Deutschland tatsächlich neue Schulden wegen der Flüchtlinge macht, welches Signal sendet das, nach außen in die EU wie nach innen in die Gesellschaft? Antwort: in beiden Fällen das grundfalsche.

In der EU wird es heißen, schaut mal, selbst die Deutschen werden der Sache nicht Herr, selbst die wirtschaftliche Führungsmacht knickt ein. Und flugs werden damit auch in ganz anderen Ländern neue Schulden gerechtfertigt, völlig egal, ob sie gerade viele oder wenige Flüchtlinge aufnehmen. Deutschland, namentlich die Kanzlerin, hat in der Flüchtlingskrise mit einer moralischen Geste die politische Führung Europas zu übernehmen versucht. Das ist bestenfalls halb geglückt. Die wirtschaftliche Führung der EU darf Deutschland nicht aufgeben. Mit neuen Schulden täte sie es.

Und nach innen genauso. Eine »nationale Aufgabe« hat Merkel Aufnahme und Integration der Flüchtlinge genannt. Recht hat sie. »Nationale Aufgabe« ist ein gro-

Wie teuer ist uns ein Flüchtling?

Augstein

Wolfgang Schäuble gilt als nüchterner Mann. Warum eigentlich? Zur Grundlage seiner Finanzpolitik hat er eine Religion gemacht. Die Religion der »schwarzen Null«. So heißt das, wenn ein Finanzminister einen ausgeglichenen Haushalt vorweisen kann. Dem Ziel muss sich in Deutschland alles unterordnen – da mögen die Brücken bröckeln und die Schulen schimmeln. Hauptsache: keine neuen Schulden. Und wenn dann einer behauptet, für die Flüchtlinge müssten nun doch neue Schulden her – dann führt er nichts Gutes im Schilde. Es handelt sich hier um ein Argument gegen die Flüchtlinge, nicht um eines für den Haushalt.

Selbst die Forschungsinstitute haben gesagt, der ausgeglichene Haushalt sei »aus ökonomischer Sicht derzeit nicht angebracht«. Sie nennen die schwarze Null das »Prestigeobjekt« der Regierung. Waigel, Eichel, Steinbrück – Schäubles Vorgänger haben den Nachfolger gelobt. Der ausgeglichene Haushalt ist der Heilige Gral der Finanzpolitik. Oder, wie Theo Waigel sagt: »Den meisten Finanzministern in Deutschland erging es bisher wie Mose: Sie durften das gelobte Land sehen, es aber nicht betreten.« Daran sieht man schon: Der ausgeglichene Haushalt ist eine Sache des Mysteriums, nicht der Wirklichkeit.

Die Krise hat bei uns eine Heidenangst vor den Schulden hinterlassen. Aber das Wort von der Schuldenkrise

ßes Wort und bedeutet, dass alle ein wenig zusammen-
rücken müssen. Wohlgemerkt: alle, nicht nur die in den
Turnhallen und Asylantragsstellen. Es bedeutet, dass
mancher Sozial- oder anderer Luxus, auf der gesamten
Länge der gesellschaftlichen Skala, für einige Zeit hintan-
gestellt werden muss.

Davor sollten sich weder die Regierenden drücken
noch die Regierten. Die dürfen sich in Wahrheit sogar
freuen, dass ihr Staat endlich einmal zum TÜV geht. Die
Flüchtlinge haben bei Weitem nicht alle Probleme mitge-
bracht, vor denen das Land jetzt steht. Aber sie haben
vieles gleichsam freigespült, was nicht (mehr) richtig
funktioniert.

Neue Schulden zu machen, kann kurzfristig zwar
richtig sein. Etwa wenn die Wirtschaft unerwartet droht
zu schrumpfen oder in den Sturzflug abkippt wie 2009.
Der Flüchtlingszustrom ist aber keine solche Kurzfrist-
Erscheinung. Im Gegenteil. Wer darauf mit hastigem und
feigem Schuldenmachen reagiert, hat das nicht verstanden und führt die Leute in die Irre.

Kurzum, neue Schulden für Flüchtlinge dementieren
alles, worauf man in letzter Zeit als Deutscher stolz sein
konnte: Dass unser Land Europa in entscheidenden Momenten führen kann. Und dass wir Deutsche wissen, wie
langfristig sich das Land auf große Zahlen von Zuwande-
rern und deren Integration einstellen muss.

war irreführend. Es war eine Krise des Finanzsystems,
eine Krise der Banken, eine Krise der staatlichen Institutionen. »Man hätte einfach nur eine schwäbische Hausfrau fragen sollen«, hatte Angela Merkel im Jahr 2008
gesagt: »Sie hätte uns eine Lebensweisheit gesagt: Man
kann nicht auf Dauer über seine Verhältnisse leben.« Das
war von bemerkenswerter Schlichtheit. Denn die Haushalte der Staaten heißen zwar so – sind aber mit den
Rechenkünsten von Hausfrauen nicht zu sanieren.

Doch Pastorentochter Merkel blieb unbeirrt bei
ihrem Glauben: Schulden kommen von Schuld und verlangen nach Opfern. Das hat mehr mit Religion zu tun als
mit Ökonomie. *Redeem* heißt auf Englisch nicht umsonst
zugleich tilgen und erlösen. Der Zwang des Sparens, den
Merkel den Südländern auferlegt hat, kann absurde Folgen haben: Staatliches Sparen lässt die Wirtschaftsleistung stärker zurückgehen als die Schulden selbst – schon
wächst die Schuldenquote. So weit ist Deutschland noch
nicht. Aber auch Deutschland droht sich kaputt zu sparen. Im wahren Wortsinn.

Aber wer die Infrastruktur verfallen lässt – ein Fünftel des Autobahnnetzes und 40 Prozent der Brücken sollen in einem »kritischen Zustand« sein –, der verschuldet
sich bei der Zukunft. So gesehen nimmt Schäuble ohnehin andauernd neue Schulden auf – ganz ohne Flüchtlinge.

War da was mit Weimar?

B »Endlich mal was los«, stand neulich über einem Essay. Lustig zu lesen, wie wacker entschlossen der Kollege war, sich von Koalitionskonvulsionen und der AfD nicht bange machen zu lassen, vermutlich hätte er eine Ebola-Epidemie in der Kölner Innenstadt ebenso tapfer weggelacht. Immerhin: Nach Jahren, in denen Geschichten aus dem Innenleben der Parteien – Partei-»Gemöhre« – selbst Leute wie mich langweilten, ist es wieder spannend geworden.

A Ich finde Parteien nicht langweilig – ich kann auch die Verachtung für den Parteienstaat nicht teilen, auf die man allenthalben stößt. Sie sprechen von Umwälzung, ich würde von Krise sprechen. Das Stichwort Weimar fällt einem ein.

B Wer Weimar sagt, will Angst machen. Das ist der völlig falsche Reflex. Natürlich passiert gerade eine Menge: Jahrzehntelang galt in Deutschland der Satz, wenn gar nichts mehr geht nach einer Wahl, geht immer noch eine Große Koalition. Damit ist es vorbei, seit dem Frühjahr 2015 tanzen die Verhältnisse: die Größenverhältnisse der Parteien untereinander und die Koalitionsverhältnisse oder -varianten. Aber weder ist das Weimar, noch der viel beschworene »Ermüdungsbruch« der deutschen Demokratie. Mit ein wenig Glück könnte etwas frisches Neues, Heilsames herauskommen.

A Was meinen wir, wenn wir von Weimar reden? Wir meinen zwei Sachen: eine Zersplitterung des Parteiensystems, also eine Aufspaltung in immer kleinere Einheiten, die die Handlungsfähigkeit der Politik gefährden. Und andererseit eine Radikalisierung der Sprache und am Ende auch der Taten. Wenn Sie ehrlich sind, müssen Sie zugeben: Beides beobachten wir. Und der Grund liegt darin, dass die beiden großen Parteien ihre Aufgabe nicht erfüllt haben – sie sind in die Mitte gegangen, statt ihre traditionelle Klientel zu bedienen, das führt eben nicht zu mehr Stabilität, sondern zum Gegenteil.

B Zu »Weimarer Verhältnissen« gehört noch viel mehr, und das wissen Sie auch. Eine antidemokratische Elite, eine revolutionäre, kommunistische Partei für den Zangengriff mit den Nazis, eine korrupte Militärführung und sechs Millionen Arbeitslose. Davon sind wir Lichtjahre entfernt. Die Republik hat rechts einen ruppigen Rand bekommen, das stimmt. Aber die Wahlen werden nach wie vor in der Mitte entschieden. Dort, und nur dort, sind die entscheidenden fünf Prozent zu holen, ohne die man keine Bundestagswahl gewinnt. Zur Magie der Mitte gehört auch: Sie ist der Ort, wo der gesellschaftliche Fortschritt zwar nicht immer angestoßen wird, aber wo er konsentiert, wo er zum gesellschaftlichen Allgemeingut gemacht wird. Für diesen Vorgang braucht es große Parteien, die in der Mitte stehen oder in die Mitte ziehen, so wie es die SPD mit ihrem Godesberger Programm tat, und die CDU es tat, als sie namens eines großen, vormals skeptischen Teiles der Bevölkerung Frieden machte mit dem Satz: »Deutschland ist ein Einwanderungsland.« Das war ein ungeheurer Schritt,

Wer »Weimar« sagt, will Angst machen.

das war für die Marke CDU so riskant wie die Einführung von Salat bei McDonalds oder Cola ohne Kalorien. Mehr als zehn Jahre hat dieser Wandel unter Angela Merkel bei Wahlen ziemlich gut funktioniert, und mir persönlich gefällt diese CDU besser als die alte, vermutlich habe ich mich auch verändert. Anderen geht das nicht so. Die finden nach wie vor, dass Deutschland kein Einwanderungsland ist, eher die Wehrpflicht braucht als die Frauenquote, und dass dem lieben Gott die Homo-Ehe bestimmt nicht gefällt. Weil die CDU das alles aber nicht mehr findet, wenden diese Altwähler sich ab, und sie brauchen, wenn überhaupt, eine neuePartei. Das Ganze wäre eine Erneuerung im System, ein friedlicher Transfer von Wählern der Partei A zur Partei B – mithin das Gegenteil von Weimar.

A Zu Beginn der Bundesrepublik gab es ein paar Großthemen, die das Potential hatten, das politische System zu zerreißen: die Wiederbewaffnung, die Westbindung, später die Ostpolitik. Es gelang im Lauf der Zeit, einen Konsens herzustellen. Dennoch blieben die Parteien unterhalb dieses existenziellen Konsens erkennbar unterschiedlich. Und das ist das Geheimnis eines stabilen Systems: so viel Gemeinsamkeit wie nötig, so viel Differenz wie möglich. Diese Regel haben die Parteien nicht nur vernachlässigt – sondern umgedreht: Sie versuchen sich so ähnlich zu sein, wie es geht. Und das ist für beide großen Parteien eine Katastrophe: Die SPD hat die Agenda gemacht, Merkel hat die Grenzen geöffnet – wofür stehen diese Parteien noch? Kein Wunder, dass die Ränder ab-

> Das ist das Geheimnis eines stabilen Systems: so viel Gemeinsamkeit wie nötig, so viel Differenz wie möglich.

splittern. An Warnungen hatte es nicht gefehlt. Die belgische Politologin Chantal Mouffe hatte in den 90ern darauf hingewiesen, dass der sogenannte »dritte Weg« die politischen Gegensätze aufheben werde und bei Wählern zu Desinteresse und Politikverdrossenheit führen werde. So ist es gekommen.

B »Die Parteien haben vernachlässigt ...«? Das klingt nach schuldhaftem Fehlverhalten, doch das erfasst es nicht. Die SPD hat die Agenda 2010 durchgesetzt, weil es unabweisbar nötig war angesichts von lahmender Wirtschaft, horrenden Defiziten und annähernd fünf Millionen Arbeitslosen. Und vielleicht musste es auch eine eher linke Partei sein, die den Sozialstaat neu trimmt. Die CDU-Kanzlerin wiederum hat die nationalen Grenzen in einem Moment nicht geschlossen, als ebenso unabweisbar war, dass es keine machbare und zugleich menschenwürdige Alternative gab. Und auch hier: Vielleicht konnte sich nur eine eher konservative Partei diesen Umgang mit dem Nationalstaat und seinen Insignien leisten. In jedem Fall gilt: Mit dieser Macht der Umstände klarzukommen, das ist die Vernunft der Mitte, die Tugend einer Volkspartei. SPD und CDU können sich an diesem Punkt gerne ähneln, aber sie dürfen nicht koalieren. Die Großen Koalitionen legen den Streit zwischen den Lagern still, sie heben die Polarisierung zwischen rechts und links auf. Weimar hatte zu viel Polarisierung. Wir haben zu wenig, noch ein Unterschied.

A Ja, ja. *Only Nixon could go to China*. Man kennt das ja. Aber Sie widersprechen sich – die Auflösung der Lager und die Lähmung des Systems müssten Sie in Ihrem

Modell dann ja geradezu für unvermeidbar halten. Das bedeutet also, dass sich das System im Lauf der Zeit notwendigerweise selber auflöst. Das ist nicht sehr beruhigend. Es muss eine Kernidentität von Parteien geben, die nicht verhandelbar ist, die sich eben keinem Sachzwang unterordnet, für die man im Zweifelsfall auch auf die Macht verzichtet! Für die SPD ist das die soziale Gerechtigkeit. Da hat die Partei in den vergangenen Jahren krachend versagt. Und für die CDU ist das vermutlich die nationale Identität – die hat Merkel aus Sicht vieler Konservativen beschädigt.

B So wenig, wie es in den Parteizentralen einen Heiligen Schrein gibt, so wenig gibt es das »Unveräußerliche« oder eine »Kernidentität«, wie Sie das nennen. In den 70er Jahren meinte man, die Oder-Neiße-Grenze sei für die CDU »unveräußerlich«. In den 80ern hätte vermutlich noch die Mann-Frau-Ehe als einzig akzeptable Familienform dazugehört und in den 90er Jahren die Ablehnung der dauerhaften Einwanderung. Doch die Gesellschaft hat an allen drei Punkten den Konsens Zug um Zug verändert, die CDU ist gefolgt und der Preis könnte neue Konkurrenz rechts von ihr sein. Einmal unabhängig davon, ob dieser Preis für CDU und CSU parteistrategisch vertretbar ist – ein Gutes hätte die Auffächerung durch neue Parteien an den Rändern in jedem Fall: Es entstehen wieder zwei Lager mit potenziell regierungsfähigen Mehrheiten, rechts und links der Mitte. Und, es kommt, bitte, bitte das Ende der Großen Koalitionen.

A Es muss eine unwandelbare Identität einer Partei geben. Diese Identität definiert sich im Wandel der

Zeiten jeweils unterschiedlich. In den 60er Jahren gehörte die Kritik der Oder-Neiße-Linie zum Kernbestand nationaler Identität, wie die CDU sie vertreten hat, heute tut sie das nicht mehr. Und auch für die soziale Gerechtigkeit muss die SPD heute anders streiten als in der Vergangenheit. Das Problem ist aber, die Wähler nehmen es den großen Parteien gar nicht mehr ab, für bestimmte Themen zuständig zu sein. Und ganz nebenbei: Wie dehnbar ist das grüne Selbstverständnis, wenn ein grüner Ministerpräsident Spenden ungerührt von der Rüstungsindustrie annehmen kann? Die Parteien berauben sich auf diese Weise selbst ihrer Bedeutung. Sie verkommen zu Plattformen für populäre Politiker. Personalisierung statt Programm.

B Gegen Personalisierung muss man nichts haben. Vertrauen und Glaubwürdigkeit von Politikern sind die zentralen Maßstäbe der Wähler, mit denen sie in einer Welt der objektiv immer komplexeren Probleme politisch sprechfähig bleiben. Niklas Luhmann nennt Vertrauen einen »Mechanismus zur Reduktion sozialer Komplexität«. Noch einmal: Wenn die Lager wieder auferstünden, hätten auch die programmatischen Unterschiede wieder mehr Kanten. Wenn wir eine echte Mitte-links-Regierung hätten, würden Sie endlich eine richtig hohe Erbschaftssteuer bekommen. Und wenn wir eines Tages wieder eine echte Mitte-rechts-Regierung hätten, dann wäre es vorbei mit dem pauschalen Mindestlohn oder der nutzlosen Frauenquote. In der Großen Koalition kriegt man von allem etwas, aber immer nur lauwarm.

A Das klingt mir sehr nach Kartentisch. Dafür müssten beide großen Parteien ihre mühsam erarbeitete Ähnlichkeit wieder ablegen. Und damit meine ich nicht nur die Funktionäre. Sie müssten die Porsche-Cayenne-Mutti aus Harvestehude mit dem grölenden Ausländerfeind aus Sachsen in eine Koalition zwängen. Ich weiß nicht, ob die das mitmachen. Und außerdem: Eine solche Linksregierung hätte es ja längst geben können, Linke, Grüne und SPD hatten nach der Wahl von 2013 im Bundestag die Mehrheit. Aber die SPD wollte nicht. Und das ist eine Folge der Mitte-Politik. Sie führt erst zur Verzwergung der großen Parteien, dann zum Erstarken der Ränder – und der nächste Schritt ist offen. Das meint man, wenn man von Weimar spricht.

B Wollen wir wirklich jede Debatte um eine ergebnisoffene Veränderung im System über das Wort »Weimar« stilllegen? Mehr Bürger gehen zur Urne, wenn es mehr Auswahl gibt. Und selbst die SPD kann noch gewinnen, wenn ihr Kandidat eine Koalition mit Machtperspektive anbieten kann. Man muss sich Rot-Rot-Grün halt trauen. Dabei hat das linke Lager Vorsprung, weil noch nicht klar ist, was aus der AfD wird.

A Sie meinen also, dass eine fremdenfeindliche Partei zum politischen Spektrum dazu gehören muss? Das sehe ich nicht so. Ich lehne auch die implizite Gleichsetzung von Linkspartei und AfD ab – egal was wir im Einzelnen von Linkspolitikern halten mögen, linke politische Ideologie ist mit dem Erbe der Aufklärung vereinbar – rechter Fremdenhass ist es eben nicht. Darum können wir die Linken politisch integrieren, die Rechten müssen wir raushalten.

Umständehalber habe ich einmal 18 Monate mit Unterbrechungen in Hamburg gelebt. Es hat immer geregnet.

Gut zwei Jahrzehnte später bin ich mehr als 18 Monate fast jeden Montag von Berlin mit dem Zug nach Hamburg gefahren. Manchmal hat die Sonne geschienen. Aber drinnen in dem großen Bürohaus, in das ich jedes Mal musste, war es wie null Grad und Regen. Immer.

Hamburg ist das Pirmasens des Nordens. Fast wie Detmold, nur ohne gute Laune. Ich finde Berlin viel besser. Hier ist irgendwie jeder nach der Wende zugereist und macht sich seither seine Stadt selber. Deshalb gibt es Berlin nicht, wie es Hamburg gibt. Das gefällt mir.

Hamburg oder Berlin?
Augstein

Oh Gott. Das ist nicht Ihr Ernst? Solche Gespräche haben wir geführt, da waren wir Mitte zwanzig. Findest Du Berlin toller oder Hamburg oder München? Ach, in Berlin kann man feiern, in Hamburg möchte ich wohnen. Gähn. In den 80ern gehörte Hamburg übrigens zu den coolen Städten in Europa: London, Paris, Amsterdam, Hamburg, Madrid. Das ist lange her. Niemand redet mehr von Madrid. Und von Hamburg auch nur auf Nachfrage. Sic transit gloria mundi. Was soll ich sagen? Ich bin Hamburger und werde es immer sein. Schönste Stadt. Bestes Wetter. Netteste Leute. Herzlich von Gemüt. Offen. So wie ich auch. Also, nordisch *by nature*. Ick bün wat ick bün, komm mir nich an die Plünn'. Und jetzt weitermachen.

WIR

Werden uns die Briten fehlen?

A Als die Briten gegen Europa stimmten, das tat weh. Es geschieht nicht so oft, dass politische Ereignisse mich berühren. Hier war das so. Niemand hatte wirklich damit gerechnet. Andererseits konnten es auch nur die Briten – genauer: die Engländer – sein, die zum ersten Mal den Prozess der europäischen Integration umkehrten. Sie waren in diesem Europa nie zu Hause. Also es waren nicht direkt Herzenseuropäer, die unserem Projekt da den Rücken gekehrt haben. Dennoch beinhaltet der Brexit eine Lehre für uns alle: das undemokratische Europa wird keine Zukunft haben.

B Das sind leider alles Sprüche, lieber Augstein, das hilft keinen Schritt weiter. Die Briten sind doch nicht vor einem Mangel an demokratisch legitimierten EU-Institutionen geflohen. Sie sind den Lügen und Verdrehungen aufgesessen, wonach in Brüssel ein Superstaat entsteht, der an allem Schuld ist, was in ihrem *little England* schiefläuft. Das Referendum war eine Katastrophe – für die Briten vom ersten Tag an, aber für den Rest Europas eben auch: Der Brexit stört das gedankliche Betriebssystem der EU. 60 Jahre lang galt: je größer, umso besser; je enger, umso besser, und die Kandidaten standen Schlange. Das gilt nicht mehr. Es ist als würde man Fußballspielern sagen: Wir spielen weiter Fußball, aber wir bauen die Tore ab, weil uns das nicht mehr gefällt. Was wir stattdessen nehmen, wissen wir nicht, aber spielt erst einmal weiter.

A Kurios. Sie nationalisieren das Problem. Es ist aber größer. Das Referendum war das Ende einer falschen Entwicklung. In Europa hat irgendwann, da war Gerhard Schröder noch Kanzler, ein Prozess der Renationalisierung stattgefunden. Das undurchsichtige Europa, mit seiner Bürokratie, seinem Lobbyismus, seiner Abgehobenheit, das ist nicht das Europa der Bürger, es gehört den Staatschefs. Jedesmal wenn sie nach Brüssel fahren, entfernen sie sich von ihren Wählern und machen die Sache unter sich aus. Das widerspricht allem, wofür dieser Kontinent steht, und das konnte so nicht weitergehen. Das britische Referendum war der Moment in der europäischen Geschichte, der uns alle daran erinnert hat, was uns ausmacht. Dafür muss man den Briten dankbar sein. Noch mal: Europa wird entweder demokratisch sein oder untergehen. Und ich glaube nicht, dass Europa untergeht.

B Es geht nicht um die Frage, ob Europa jetzt endlich »demokratisch« wird, im Rahmen seiner Möglichkeiten ist es das längst. Da sitzt ein frei gewähltes Parlament, das in den letzten 30 Jahren stetig immer mehr Kompetenzen und Macht bekommen hat. Da sitzt als »Rat« eine Gruppe frei gewählter Staats- und Regierungschefs, die in vielen Fragen bereits mit Mehrheit entscheiden, also ohne nationale Vetokarte. In diesem Zwei-Kammer-System wird Politik gemacht. Nennen Sie mir ein Beispiel, wo die Europäische Union auf einen Schlag »demokratischer« werden kann?

A Herr Blome, wie wird ein Territorium zum Staat? Durch die Macht seiner Regierung und durch die Loyalität seiner Bürger. Die Macht muss man stärken durch mehr Kompetenzen in Brüssel, zum Beispiel bei Steuern und Einwanderung. Für die Loyalität brauchen Sie Figuren, Gesichter, Menschen, auf die die Wähler ihre Erwartungen richten können.

B Sie verwechseln Demokratie mit Integration. Integration ist, anders als Demokratie, kein Wert an sich. Integration ist eine Methode, um bestimmte Probleme gemeinsam besser zu lösen, als man es allein könnte. Der Brexit ist auch eine demokratisch legitimierte Absage an weitere Integration. Und beileibe nicht nur die Briten lehnen die »ever closer union« ab, wie sie in der Präambel der Verträge steht. Den Franzosen, den Niederländern oder den Dänen und Finnen geht es genauso, von den meisten Osteuropäern ganz zu schweigen. Wenn Ihre Antwort auf das – vermeintliche – Demokratie-Defizit in Brüssel also Integration heißt, dann haben Sie in Wahrheit keine Antwort. Dann stecken Sie in einem Teufelskreis: Handelndes Personal, das Vertrauen und Loyalität auf sich zieht, könnte sich in Brüssel nur entwickeln, wenn es dort noch deutlich mehr Macht auszuüben gäbe als heute schon. Das aber setzt Integration voraus, den Machttransfer aus den Hauptstädten. Den gibt es auf absehbare Zeit nicht.

A Ich habe spätestens aus diesem Referendum gelernt, mit Prognosen für die Zukunft sehr, sehr vorsichtig zu sein. Ich konnte mir nicht vorstellen, dass die Briten diese Entscheidung treffen. Und ich kann mir heute nicht vorstellen, dass Europa seinem Zerfall zusehen wird. Es gibt aber zwischen Zerfall und einer Staatenwerdung – wie immer die auch aussehen mag – auf Dauer keinen dritten Weg. Wir wissen das seit der

Eurokrise. Der Brexit war das nächste Zeichen. Buchstäblich gilt: So geht es nicht weiter. Natürlich kann Europa auch zerfallen. Aber Gregor Gysi hat gesagt, wenn wir morgen wieder Schlagbäume haben, dann werden wir übermorgen wieder aufeinander schießen. Auch das muss man für möglich halten.

B Ja, nichts ist mehr ganz sicher. Selbst Europa kann weggespült werden, der Brexit ist ein Dammbruch. Aber ganz gleich, ob eine europäische Staatenwerdung die Rettung wäre, der Weg dahin ist blockiert. 2005 ist die EU-Verfassung in Frankreich durchgefallen und heute würde sie dort erst recht durchfallen. Oder wollen Sie die Leute gar nicht fragen?

A Doch. Man muss die Leute fragen – aber erst wenn der richtige Moment gekommen ist. Erst wenn ein europäisches Wahlvolk bereits entstanden ist, das mit Loyalität nach Brüssel blickt und nicht mit Verachtung. Die Verantwortung für diesen Prozess liegt bei den nationalen Parlamenten und Regierungen. Das Paradoxe ist, dass sie sich selber Schritt für Schritt entmachten müssen. Das ist keine Kleinigkeit. Die vergangenen Jahre haben aber gezeigt, dass es möglich ist. Anders ist der Transfer von Macht und Loyalität nicht vorstellbar. Eine europäische Revolution wird es nicht geben.

B Andersherum wird ein Schuh daraus. Wir müssen erstens viel deutlicher sagen, wofür die Nationalstaaten zuständig sind und es noch ganz lange sein werden. Es heißt ja immer, 80 Prozent der Gesetzgebung in Deutschland seien durch EU-Richtlinien und -Verordnungen von »Brüssel« vor-formatiert, also von Rat, Kommission und Europaparlament. Quantitativ stimmt das, aber auch qualitativ? Arbeit, Rente, Steuern, Wohnen, Soziales, Hartz IV, Gesundheit, Straßenverkehr, Militäreinsätze – alles, alles nahezu rein nationale Kompetenzen. Heißt: Es braucht niemand Angst zu haben, dass Brüssel ihn allein regiert. Und zweitens müssen wir »Europa« von unerfüllbaren Verantwortlichkeiten befreien, die ihm von den Mitgliedstaaten zugeschoben wurden oder die sich die EU-Kommission unter den Nagel gerissen hat. Ein Beispiel: Seit 20 Jahren antwortet »Brüssel« auf jede größere Krise mit einem Sonderprogramm gegen Jugendarbeitslosigkeit, weil das ein großes Problem ist, und alle meinen, die EU stärke ihre Legitimation, wenn sie sich großen Problemen widme. Die EU hat sich also zuständig erklärt – und wird, kein Wunder, inzwischen für die Jugendarbeitslosigkeit in Frankreich oder Spanien verantwortlich gemacht. Allein: Brüssel kann noch hundert Programme auflegen, ändern wird sich erst etwas, wenn Frankreich und Spanien ihr Arbeitsmarkt-Recht modernisieren. Das ist eine rein nationale Aufgabe, das regeln die nationalen Parlamente oder es regelt niemand. Wenn die EU nicht aufhört, sich die Lösung solcher Probleme anzumaßen oder sie sich aufbürden zu lassen – dann endet das in Karoshi. Tod durch Selbstüberforderung.

A Das klingt vernünftig – läuft aber am Ende auch nur auf einen Brexit auf Raten hinaus. Sie wollen die Enttäuschung über die europäische Integration verringern, indem Sie der Integration engere Grenzen ziehen. Wiederum: Das Gegenteil wäre richtig. Wenn Frankreich

> Wir müssen Europa von unerfüllbaren Verantwortlichkeiten befreien.

187

und Spanien nicht in der Lage sind, ihre Jugendarbeitslosigkeit wirksam zu bekämpfen, dann wäre die Verantwortung für den Arbeitsmarkt vielleicht in Brüssel besser aufgehoben, oder? Sie haben eine Liste mit nationalstaatlichen Kompetenzen vorgelegt – die Hälfte davon gehört in die europäische Hand! Und dann gibt es noch die Felder, die Sie gar nicht erwähnt haben: Außenpolitik und Verteidigung. Sie als alter Ökonom wissen doch sicher von der Theorie der optimalen Währungsräume? Und so gibt es wohl auch die Realität optimaler Politikräume. Ist es nicht die Aufgabe des europäischen Projekts, das herauszufinden?

B Am Reißbrett könnten wir uns vermutlich auf eine optimale Aufgabenverteilung zwischen den staatlichen Ebenen einigen. Aber so einfach ist es nicht, war es nie. Die schwer durchschaubare EU und die Vermehrung bestimmter ihrer grenzüberschreitenden Kompetenzen sind die richtige Antwort auf die Globalisierung. Aber: Dieselbe Globalisierung hat schon so viele Grenzen überschritten, dass die Menschen jetzt aufbegehren.

A Aber die Spannung zwischen Identität und Globalisierung ist in Wahrheit kleiner, als es scheint. Ich kann in der Bundesrepublik Hamburger sein. Und in Europa Deutscher. Und in der Welt Europäer. Das sind konzentrische Kreise, die sich gegenseitig nicht stören. Im Gegenteil: Die Regionalisierung ist doch das natürliche Gegenstück zur Globalisierung. Ich verstehe den Konflikt nicht. Die Regionen auf der einen Seite und die

Brüsseler Zentrale auf der anderen Seite haben ihre Funktion, ihre tatsächlichen und ihre emotionalen. Tatsächlich schwächt das die nationale Ebene, aber es macht sie nicht überflüssig.

B Das ist die gute alte Sandwich-Theorie: Die Regionen behalten ihre Kompetenzen, wie Schule und Polizei. Die EU bekommt immer mehr, wie Außenpolitik oder Umweltschutz. Und die nationalen Bundesinstitutionen werden dünner und dünner wie der Käse im Sandwich. Aber wie gesagt, ich glaube, der Prozess ist gestoppt, vermutlich für immer. Das sieht selbst der glaubwürdigste aller glaubwürdigen Europa-Denker so, Wolfgang Schäuble. Sein Konzept eines Kerneuropas und eines Europas der verschiedenen Geschwindigkeiten ist mindestens drei Jahrzehnte alt. Aber heute wären weder die Niederlande noch Frankreich sicher dabei. Europa mit Deutschland und Luxemburg ist nicht Kern, sondern Quatsch.

A Was nun, Hauser?

B Tee trinken, solange es den zollfrei gibt ...

A Gut. Dann übernehme ich das europäische Schlusswort: Das Ziel ist klar. Es müssen gar nicht die »Vereinigten Staaten von Europa« sein. Eine Föderation der Nationalstaaten genügt. Die ersten Schritte wären die gemeinsame Haushaltspolitik, die koordinierte Steuerpolitik, die Stärkung des Europäischen Parlaments und der Kommission. Später eine Brüsseler Regierung, deren Kopf vom Parlament gewählt wird; eine zweite Kammer daneben, als Vertretung der Staaten. Es ist das deutsche föderale Modell.

B Was genau hatten Sie im Tee?

Im Film *The King's Speech* gibt es eine Szene, in der sich das Wesen der Monarchie enthüllt. Der spätere George VI. sagt zu seinem Bruder Edward VIII.: »David, ich habe versucht, dich zu erreichen.« Edward: »Ich war furchtbar beschäftigt.« George: »Womit denn?« Edward: »Kinging.« Genial – und sehr schwer zu übersetzen. Elisabeth II. aus dem Hause Windsor macht diesen Job schon sehr lange. Aber jetzt ist mal gut. Die Queen sollte endlich abdanken und Platz für ihren Sohn Prince Charles machen.

Die Königin ist einmal an mir vorbeigerauscht, eine freundlich lächelnde ältere Dame, winkend, mit weißem Handschuh, in einem riesigen Bentley. (6,75 Liter Hubraum, 835 Newtonmeter Drehmoment und ein spezielles Getriebe für Huldigungsfahrten mit *processional speed* von exakt 14 Stundenkilometer.)

Die Monarchie ist ein Mysterium. Walter Bagehot, der Vater der ungeschriebenen englischen Verfassung, hat festgestellt: »Man kann genauso gut einen Vater adoptieren wie man eine Monarchie herstellen kann.« Nämlich gar nicht. Außer einem geilen Auto hat die Königin ein paar merkwürdige Vorrechte: Jeder Stör, der in Großbritannien gefangen wird, gehört ihr. Sie kann Männer in die Royal Navy pressen. Und außerdem hat sie das Recht, Salpeter zu schürfen.

Interessanter ist aber ihr politisches Potenzial: Die Königin kann die Sitzungen des Parlaments eröffnen

Ist das Queen oder kann das weg?
Blome

Die Grenze zwischen Stolz und Starrsinn verläuft fließend. Das immerhin lehren uns die Jahrhunderte britischer Monarchie. Viel mehr nicht.

Im Zweiten Weltkrieg gab das britische Königshaus im besten Sinne ein Beispiel. Es trat aus seinem Palast heraus und nahm Anteil am Leiden seines Volkes. So tat es das Seine, dem Land in schweren Zeiten den Rücken zu stärken. Ein stolzer Moment, für Bürger und Regenten gleichermaßen.

In den Krisen unserer Zeit jedoch schweigt das britische Königshaus und es tut nichts zur Sache, ob es das aus irgendwie kalkulierter Zurückhaltung tut oder aus schlichtem Unvermögen. Man würde von der Queen gern mehr in der Zeitung lesen als im Guinnessbuch der Rekorde. Aber nein: kein Wort zum Terror, keines zu den Flüchtlingen und noch nicht einmal ein Wort vor oder nach dem »Brexit«-Votum. Ihr Königreich steht am Abgrund, aber die Königin schweigt. Gewiss, die ungeschriebenen Verfassungsregeln verbieten ihr, sich in die Politik einzumischen. Aber will sie wirklich schweigen, bis die Geschäftsgrundlage ihres Daseins zertrümmert ist – das *United Kingdom*?

Die Königin, so scheint es, will aber einfach nur da sein, das ist nicht stolz, sondern starr. Letztlich hat sie sich nie wieder frei gemacht von jenem Moment der politischen Entmündigung, bei dem ein Labour-Premier

oder beenden, wie sie es für richtig hält, sie kann zum Premierminister bestellen, wen sie will, und sie kann jedem Gesetz die Unterschrift – und damit die Rechtskraft – verweigern. Das letzte Mal ist dies im Jahr 1704 unter Queen Anne geschehen. Aber jeder König kann das machen, wie er mag.

Elisabeth II. ist jedoch die Königin der Langeweile. Sie heiratete 1947 ihren Mann, übernahm 1953 die Krone und seitdem winkt sie mit ihrem weißen Handschuh. Ihr Sohn wäre ein anderes Kaliber. Kein Zweifel: Er ist ein bisschen exzentrisch. Jeder weiß, dass Charles für Bio-Nahrung ist und gegen moderne Architektur. Offenbar schickt er aber auch Briefe an britische Ministerien, in denen es um mehr geht: Nordirland, Erziehung, Gesundheit, Kultur, Umwelt, Verteidigung.

Spätestens seit der Veröffentlichung jenes denkwürdigen Telefonats, das Charles und seine zweite Frau Camilla einmal miteinander führten, muss man sich zu diesem Prinzen bekennen:

Er: »Wenn ich in deinem Höschen leben würde oder sonstwo, wäre alles viel einfacher.« Sie: »Oh, stell dir vor, du würdest als Höschen wiedergeboren.« Er: »Oder aber – Gott helfe mir – als Tampax.« Sie: »Oh, was für eine herrliche Idee.« Er: »Von wegen. Ich würde ins Klo geworfen werden und eine Runde nach der anderen drehen im Klowasser und nie runtergespült werden.«

Long live the King!

und sein seelenloser Spindoktor sie Ende der 80er Jahre vor der Wut der Untertanen retteten, als die Ex-Schwiegertochter der Queen ums Leben gekommen war, wie hieß sie noch? Seitdem funktioniert sie zwar und erzielt Rekordwerte an Popularität – Mickey Mouse in Disney World ist genauso beliebt und aus genau demselben Grund.

Aber die Leute freuen sich doch so sehr an ihrem Königshaus, heißt es dann. Und die Royals haben mit Prince William und seiner Kate doch eine präsentable Geschäftsnachfolge gefunden, jaja. Das ist alles Geschwätz: Die Leute nehmen immer Freibier, wenn man es ihnen hinstellt. Das kann nicht ernsthaft die Begründung für eine ganze Staatsform sein. Das ist ähnlich stichhaltig wie die Illusion, die britische Fußball-Nationalmannschaft sei nach wie vor »eine der großen«.

Sich von dieserart insularen Lebenslügen zu trennen, wäre eine stolze Pflicht, die sich das Königshaus auferlegen könnte, indem es der schweigenden Queen dereinst keinen mehr folgen lässt. Nicht den Sohn, der mit Blumen und Broccoli spricht, und nicht den Enkel, der auch dem örtlichen Möbelzentrum vorstehen könnte.

Lass gut sein, Lisbeth. Isch over.

Sind wir noch Amerikaner?

A Ich habe in der Washington Post einmal einen Artikel gelesen, nach dem die USA an einer Waffe arbeiten, die sechsmal so schnell sein soll wie der Schall. Damit könnte man in zwei Stunden jeden Ort der Welt erreichen und zerstören. Aber als neulich in New York ein Sturm war, mussten Krankenhäuser evakuiert werden, weil die Notstromaggregate nicht ansprangen. Das ist Amerika: High Tech für die Rüstung – und Dritte Welt für die normalen Menschen. Halten Sie diese Beobachtung schon für Antiamerikanismus?

B Das hätten Sie wohl gern, wegen *street credibility* und so? Die Frage ist doch: Beschreibt ihre kleine Karikatur das Land richtig? Die Amerikaner als Nation und die USA als Staat vollziehen gerade den Übertritt der ganzen Welt in das nächste technologische Zeitalter. Das war in den letzten drei Jahrhunderten entweder Sache der Europäer allein oder der Europäer und der Amerikaner gemeinsam. In der digitalen Welt von heute und morgen haben aber ausschließlich amerikanische Firmen das Sagen. Das ist ein bisschen wichtiger, auch für uns, als die Sache mit den durchhängenden Überlandleitungen. Die Amis erfinden gerade die Welt neu, und wir schauen zu. Aber wir müssen auch in dieser Welt leben.

A Ja, und das erfüllt einen immer größeren Teil der Menschen inzwischen nicht mehr nur mit Bewunderung, sondern mit Furcht. Es war einmal, da gab es eine regelrechte Liebe der Deutschen zu Amerika. Das ist vorüber. Die Enttäuschung hat gesiegt. Aber Enttäuschung ist ja nichts schlechtes, sondern eine Hinwendung zur Realität. Amerika ist toll – aber anders als wir. Wenn Frankreich und Spanien nicht in der Lage sind, ihre Jugendarbeitslosigkeit wirksam zu bekämpfen, dann wäre die Verantwortung für den Arbeitsmarkt vielleicht in Brüssel besser aufgehoben

B Es gibt keine Liebe zwischen Völkern, das ist deutsche Romantik oder gehört zum Mythenschatz der Nibelungen. In den ersten Jahrzehnten nach dem Krieg gab es in Westdeutschland eine enorme Dankbarkeit, eine enorme Bewunderung für Amerika. Nicht nur für die Freiheit, auch für den Reichtum, die Leichtigkeit, die Filme aus Hollywood, die Bücher, die Musik, die Kleidung, den ganzen Lifestyle also. Mir scheint, für diese amerikanische Alltagskultur gilt das unausgesprochen noch immer. Das ist einfach nicht wegzudenken, selbst der IS lässt die Cola-Automaten stehen, wenn er eine Stadt erobert. Den politischen Antiamerikanismus in Deutschland hingegen haben überwiegend die Linken erfunden. Dieses Misstrauen gegen den großen Bruder hat sich leider verbunden mit einer stattlichen Reihe von Missetaten des großen Bruders – herausgekommen ist Ernüchterung bis Entfremdung. Aber warum stört uns das? Oder wenn es Sie nicht stört, warum sind wir überhaupt in der Lage, die Entfremdung wahrzunehmen? Weil wir gemeinsame Maßstäbe für die Dinge haben, gemeinsame Worte und Werte. Die USA und Deutschland und Europa sind aus einer Familie. Seit

> Es gibt keine Liebe zwischen den Völkern, das ist deutsche Romantik.

ganz langer Zeit schon wird immer wieder das »pazifische Zeitalter« der USA angekündigt. Ich sage Ihnen: Das darf niemals anbrechen.

A Darf nicht – oder wird nicht? Ihre Worte klingen wie ein süßes Lied aus fernen Tagen. Die Realität ist eine andere. Sie selbst haben die digitale Revolution erwähnt, die in den USA ihren Ausgang gefunden hat. Sie gibt den Firmen und der Regierung ein Mittel der Herrschaft in die Hand, wie es noch keines jemals gab: totale Information, totale Kontrolle. Die Amerikaner müssten Heilige sein, wenn sie das nicht missbrauchen würden. Und wir wissen inzwischen, dass sie keine Heiligen sind. Selbst Angela Merkels Handy wurde abgehört. Von uns Normalsterblichen ganz zu schweigen. Der kontrollierte Mensch ist kein freier Mensch und es sind die Amerikaner, die uns kontrollieren, total, jederzeit, überall. Kennen Sie Benthams Panoptikum? Das kreisrunde Gefängnis mit dem Turm in der Mitte, von dem aus alle Insassen jederzeit beobachtet werden können? Das ist heute Realität geworden. Bentham wusste, es genügt schon, dass man sich beobachtet fühlt, damit Menschen ihr Verhalten ändern. Wir sind die Insassen, die Amerikaner sind unsere Wärter. Allein daraus ergibt sich, dass wir nicht mehr die gleichen Interessen haben. Wir sind keine Verbündeten, wir sind Untertanen.

B Das sehe ich anders. Aber gesetzt den Fall, wir wären Untertanen, dann wären wir es durch eigenes Unvermögen oder gar Zutun. Es sind nicht die Amerikaner, die uns zu weniger Militärausgaben zwingen, damit sie allein die beherrschende Ordnungsmacht bleiben.

Mindestens unseren eigenen Hinterhof könnten wir Europäer allein sauber halten. Aber im Bosnienkrieg brauchte es Bill Clinton, damit der Ermordung der Muslime ein Ende gemacht wurde. Heute müssten wir Europäer *mare nostrum*, das Mittelmeer und seine Anrainer-Staaten, eigentlich allein unter Kontrolle halten. Wir schaffen es nicht, aber mit dem vermeintlichen Dominanzstreben der Amis hat es nichts zu tun. Es ist unsere eigene Weltvergessenheit. Jede US-Regierung der letzten drei Jahrzehnte wünschte sich mehr Augenhöhe der Europäer, mehr Führung von den Deutschen. Gekriegt haben sie fast nichts. Und: Die digitalen Weltkonzerne kommen aus den USA, weil sie in Europa nicht gegründet wurden. Oder weil viele der zugrunde liegenden Ideen und Erfindungen in Europa und Deutschland nicht zu realisieren waren. Die Daten schließlich, mit denen die Big-Data-Konzerne Geld machen, werden uns nicht gestohlen, wir schenken sie her, freiwillig. All das zeigt: Es liegt in unserer Hand, wie die Verhältnisse sich entwickeln werden.

A Die Zeiten, in denen wir irgendeinen Einfluss auf die USA hatten, sind noch länger vorbei, als die, von denen Sie eben so nostalgisch sprachen. *They have the money bags but we have all the brains* – auch das ist ein Märchen aus lang vergangenen Zeiten. Aber was Sie sagen, bedeutet doch nichts anderes als: Ja, wir sind der Pudel der USA, aber wir wedeln freiwillig mit dem Schwanz. Heinrich Mann hat geschrieben: »Die Macht, die über uns hingeht und deren Hufe wir küssen! ... Gegen die wir nichts können, weil wir alle sie lieben! Die wir im Blut haben, weil wir die Unterwerfung darin haben!«

Diese Macht, das sind die USA. Und wenn sie tatsächlich in unserem Interesse handeln würden, könnte man das sogar akzeptieren. Ich glaube das aber nicht mehr. **B** Es stimmt nicht, dass wir keinen Einfluss haben oder uns gar komplett unterwerfen. Die Wirklichkeit ist doch eine völlig andere, sehen Sie das nicht? Wenn wir überhaupt vor etwas Sorge haben müssen, dann vor einem ökonomischen Big-Data-Weltmonopol bestimmter US-Konzerne, aber nicht vor einem machtpolitischen der amerikanischen Politik. Die USA sind als Staat und internationale Macht doch längst nicht mehr so dominant wie früher, weil die Verhältnisse sich so verändert haben. Früher konnten die USA vielleicht einen Regionalkonflikt schlichten – aber heute sind es sieben auf einmal, gleichzeitig. Früher haben US-Präsidenten versucht, im Nahen und Mittleren Osten Ordnungskriege zu führen. Auch das ist vorbei: Zuletzt in Syrien hat Obama erst eine »rote Linie« gezogen – und als sich der syrische Diktator nicht dran hielt, ist trotzdem nichts passiert. Oder nehmen Sie die Eurokrise seit 2010. Obama, die US-Notenbank, die amerikanische Presse: Wer hat nicht alles auf Merkel eingeredet, sie müsse gegen die Krise große Konjunkturprogramme auflegen, neue Defizite machen, den Griechen die Schulden erlassen. Merkel und die Eurostaaten sind stur geblieben und haben fast genau das Gegenteil gemacht. Oder die Ukraine. Die Europäer haben diese Krise mit ausgelöst, als sie die Ukraine an die EU binden wollten. Nun sind es Deutschland und Frankreich, die mit Putins Russland verhandeln, und der US-Präsident ist froh darüber. Aber bevor wir uns jetzt hier in

Beispielen ergehen: Worauf wollen Sie denn hinaus? Soll sich Europa von den USA abkoppeln?

A In der FAZ hat Frank Schirrmacher einmal geschrieben: »Die Verschmelzung der militärischen und ökonomischen Sphären hat eine neue gesellschaftliche DNA geschaffen, in der private Wirtschaftsunternehmen mit militärischer Rationalität und Präzision Daten produzieren können und militärische und geheimdienstliche Bürokratien sie nach privatwirtschaftlichen Effizienz- und Risikokriterien verwerten dürfen.« Mit einem Wort: Die USA haben die Mittel, Wirklichkeit und Wahrnehmung zu prägen. Dagegen müsste Europa sich wehren. Und es gibt ein einfaches und erprobtes Mittel, das heißt Industriepolitik. Es hat in der Vergangenheit gut funktioniert – siehe Airbus und Boeing. Oder nehmen Sie den GSM-Standard für Funktelephone. Schirrmacher hat seinerzeit sogar eine europäische Suchmaschine für das Internet vorgeschlagen. Das klingt fantastisch, aber das sind die Dimensionen, in denen man denken muss.

B Es klingt aber auch nach Club-Cola, die gab's in der DDR. Oder nach den kranken Franzosen, die anfangs für jedes englische Wort aus dem technischen Bereich unbedingt ein französisches erfinden mussten, »ordinateur« für PC, »télécopieur« für Fax und so. Die Beispiele Airbus und Handystandard GSM sind gut, aber: Diese Form von selbstbewusster, manchmal erfolgreicher Konkurrenz kann es nur in einem gemeinsamen Rahmen geben, nur auf einem gemeinsam definierten Spielfeld, *level playing field*, nennen die Amerikaner das. Das aber wollen gerade die Linken aufkündigen und verlassen, wenn ich den Widerstand zum Beispiel gegen das Freihandelsabkommen TTIP richtig verstehe. Es geht also nicht unbedingt darum, eine eigene europäische Suchmaschine zu haben, so wie China und Russland eigene Suchmaschinen haben. Wir müssen Google, Facebook und Co. dazu bringen, dass sie sich in Europa auch an jene Gepflogenheiten halten, die sich von den amerikanischen unterscheiden.

A Die US-Konzerne können sich gar nicht an Regeln halten. Ebensowenig wie die USA sich an Regeln halten können. Das ist das Leid mit der absoluten Souveränität – sie können nur Regeln für andere vorgeben, sich aber nicht selber solchen unterwerfen. Die großen US-Konzerne beherrschen ihre Märkte ebenso total und absolut, wie die USA die Welt militärisch und wirtschaftlich dominieren. Es kann für uns Schwächere darum keine Kooperation auf Augenhöhe geben. Wir haben nur die Wahl zwischen Unterwerfung oder Abkoppelung.

> Es kann für uns Schwächere darum keine Kooperation auf Augenhöhe geben.

B Das ist ein Widerspruch in sich, merken Sie das? Die Logik der Märkte ist niemals totalitär, weil große Anbieter große Absatzmärkte brauchen. Die EU hat mit Großbritannien 500 Millionen Konsumenten und einen gemeinsam regulierten Binnenmarkt, allein das bringt uns auf Augenhöhe, wenn wir wollen. Der Europäische Gerichtshof hat zuletzt ein US-europäisches *safe-harbour*-Abkommen verworfen, das die Datenübermittlung zwischen Servern in Europa und den USA regelte. Begründung: Es verletzt Grundrechte eines Europäers, wenn ein US-Geheimdienst seine

Daten abgreifen kann, ohne dass er davon etwas erfährt oder sich wehren kann. Und was passiert jetzt? Der Markt regelt die Sache. Microsoft will die Daten von Europäern künftig auf Servern verwalten, die von der Telekom in Deutschland betrieben werden. Damit wollen die im Wettbewerb mit anderen US-Konzernen um europäische Kunden und deren Vertrauen werben. Wir haben eben eine andere Auffassung von Datenschutz und müssen uns manche Übergriffigkeit nicht bieten lassen, die in den USA von den Nutzern toleriert wird.

A Sie sitzen da einem Marketing-Trick auf. Die US-Konzerne haben mitbekommen, dass Datenschutz in Europa eine andere Rolle spielt als in den USA. Aber die Wahrheit ist dennoch, dass amerikanische Firmen gezwungen werden können, Daten auch dann an Behörden herauszugeben, wenn diese im Ausland gelagert sind. Dem absoluten Herrschaftsanspruch der US-Regierung können sich die Konzerne nicht entziehen. Was die USA zu einem so unzuverlässigen und gefährlichen Hegemon macht, ist eine verheerende Mischung: Paranoia vor Anschlägen, eigenes ökonomisches Interesse, militärische Dominanz und technologische Vorherrschaft. Diese Mischung entzieht sich jeder Kontrolle – übrigens auch der amerikanischen selbst. Kein Präsident kann die NSA noch beherrschen oder einhegen. In Wahrheit ist sie das Sinnbild des neuen Amerika. Aus USA wird NSA.

B Das gebe ich Ihnen zu: Was unter Anti-Terror firmierte, ist zeitweilig ins Maßlose ausgeufert. In der Frage, was im Anti-Terror-Kampf angemessen ist, gehe ich sicher weiter als Sie. Aber auch mir kann niemand erklären, warum ein US-Geheimdienst das Handy der Bundeskanzlerin auf eine Liste mit Abhörzielen setzen muss. Und parallel stellt sich ein US-Präsident, Barack Obama, auch noch

In der Frage, was im Anti-Terror-Kampf angemessen ist, gehe ich sicher weiter als Sie.

vor das Brandenburger Tor und schwärmt von der super-super-engen Doppelklippo-Freundschaft zu den Deutschen und zu Angela Merkel. Das ist eine Frechheit, trotzdem müssen wir damit leben lernen. Die Amerikaner haben den 11. September erlebt, ihre totale Verletzbarkeit. In Europa gab es zwar auch große, schockierende Anschläge. Aber es scheint, als hätten sie unsere kollektive Psyche bislang nicht ähnlich brutal erschüttert wie in den USA. Sie leiten aus diesem Unterschied ab, dass wir für ewig in zwei Welten zu leben haben. Das ist falsch.

A Machen Sie es doch kurz: Sie sind also für Unterwerfung. Das ist keine akzeptable Strategie mehr, seit die USA ein verantwortungsloser Hegemon sind. Ein politisches System, das sich von Donald Trump aufrollen lässt, macht mir Angst und taugt nicht mehr zur westlichen Führungsmacht. Das Risiko ist einfach zu groß. Sie hatten vorhin China und Russland erwähnt – das sind die richtigen Stichworte: Wir blicken doch inzwischen auf die USA als eine zunehmend fremde Kultur. Die soziale Ungleichheit hat groteske Züge angenommen. Das politische System ist in der Hand des Kapitals und seiner Lobbyisten. Die politische Landschaft wird von ideologischer Verblendung zerrüttet und von Hass beherrscht. Eine perverse Mischung aus Verantwortungslosigkeit, Profitgier und religiösem Eiferertum beherrscht die öffentliche Meinung. In dem Maße, in dem sich die USA von ihren eigenen Werten abwenden, löst sich der Westen auf und für uns entsteht die Notwendigkeit zur Selbstständigkeit. Der Westen, das sind wir.

B Donald Trump ist leider genau jenes kranke Gemisch von Populismus, Fremdenfeindlichkeit und sonstigen Altmänner-Fantasien, die wir in halb Europa auch beobachten. Regierungen wie die in Polen und Ungarn oder womöglich demnächst in Frankreich und Österreich sind wie Trump, nur ohne diese Frisur. Die bizarre Brexit-Kampagne war Trumpism vom Feinsten. Paradoxerweise belegt das alles, wie ähnlich wir uns sind. Die USA und wir, das ist der Kern des Westens, *for good and for bad*. Sie haben Trump und wir LePen, Boris Johnson oder Orbán. Die USA sind gesellschaftlich zerrissen zwischen Weiß und Schwarz, Ostküste und Rednecks. Wir sind zerrissen zwischen Pro- und Anti-Europäern, zwischen Euro-Gewinnern und Euro-Verlierern. Trotzdem: Wenn in den letzten fünf Jahren ein US-Präsident mit einem EU-Regierungschef gesprochen hat, ging es nach kurzer Zeit immer auch um Griechenland. Die USA haben große Angst vor dem Zusammenbruch des Euro, weil wir ein stark verflochtenes, gemeinsames Wirtschaftssystem haben. Das würde sich selbst mit einem Präsidenten Trump nicht ändern. Die USA und Europa sind *two of a kind*, weil wir im Grunde dieselbe Idee von der Welt und dieselben Probleme mit uns selbst haben. Und weil die USA – bei aller Kritik – der einzige akzeptable Weltpolizist sind.

A Das war mal. Wissen Sie, ich bin wirklich kein Anti-Amerikaner. Wie könnte ich. Aber wie heruntergekommen Amerika ist, und was es aus dem Westen gemacht hat, das habe ich im Sommer 2013 verstanden. Damals haben mehrere europäische Länder dem Flugzeug des bolivianischen Präsident Evo Morales Landung und Überflug verboten, weil sie den digitalen Dissidenten Edward Snowden an Bord vermuteten. Diese Länder fürchteten den Zorn der Besatzungsmacht. Barack Obama war der letzte Präsident des Westens. Die ihm folgen werden, werden nur noch die Staatschefs der Vereinigten Staaten von Amerika sein. Und Amerika ist ein fremdes Land geworden.

Seit die Deutschen international wieder »Verantwortung« übernehmen wollen, rufen deutsche Verteidigungsminister nach der Drohne. Thomas de Maizière wollte sie kaufen. Ursula von der Leyen genügt es, sie zu leasen. Die IG-Metall würde sie am liebsten selber bauen: »Wenn wir uns über deren Anschaffung einig sind, dann sollten die Drohnen in Deutschland entwickelt werden«, sagte ein Chef-Gewerkschafter. Krieg ist Krieg, und Geschäft ist Geschäft. Hauptsache volle Drohnung.

»Ethisch ist eine Waffe stets als neutral zu betrachten«, hat de Maizière gesagt. Aber das ist falsch. In dem abscheulichen Geschäft, das der Krieg ist, sind Drohnen besonders abscheulich. Sie sind die feige Waffe des weißen Mannes. Ihr Einsatz ist ohne Risiko für den Piloten, und für das Opfer gibt es keine Chance auf Gegenwehr. »Wie kein anderes System verkörpern sie die asymmetrische Kriegführung«, hat der Politologe Herfried Münkler geschrieben. Die Armen haben die Selbstmordattentate, die Reichen die Drohnen. Aber die Drohnen sind noch abstoßender.

Sie machen den Krieg zum Computerspiel. Klinisch sauber. Verteidigungsministerin von der Leyen will die familienfreundliche Bundeswehr. »Wir haben am meisten von den Soldatinnen und Soldaten, wenn die eine gute Balance zwischen Dienst und Familienleben finden«, sagte sie in einem Interview. Wie praktisch, dass

Dürfen Drohnen morden?

Blome

Es ist seltsam: Wenn der Krieg wieder einmal »mehr« wird auf der Welt, regen sich die Deutschen nur kurz auf. Wenn der Krieg hingegen »anders« wird, kennt die Empörung keine Grenzen.

Dabei ist Krieg Krieg, ein schauriges Geschäft. Menschen werden getötet, verstümmelt oder vertrieben. Am Ende sind Häuser, Dörfer, Städte zerstört, mitunter ganze Landstriche verödet. Krieg kann gerecht sein, aber er ist immer Blut, das eigene und das der anderen.

Seit Henri Dunant und später dem Haager Abkommen »betreffend die Gesetze und Gebräuche des Landkrieges« wurden vielfältige Versuche unternommen, den zusehends maschinisierten Krieg einzuhegen, ihn bestimmten Regeln zu unterwerfen, ihm einen letzten Rest von Ritterlichkeit zu bewahren, was immer das sei. Daran ist nur Gutes und nichts Falsches – außer der manchmal einhergehenden Vorstellung, dass man am Ende dem Krieg sogar das Töten abgewöhnen könne. Das kann man nicht.

Und darum sind Drohnen nicht weniger moralisch als der Krieg, in dem sie eingesetzt werden. Drohnen sind Mittel, sie haben weder ein spezifisches Motiv noch irgendeine Moral. Der moderne Krieg entfernt die Parteien seit Langem voneinander, aber er büßt nicht an Wirkung ein auf die Parteien. Auge in Auge, gar auf Armeslänge, haben sich die Soldaten auch im Zweiten

A sich Drohnen bequem während der tariflich geregelten Arbeitszeit steuern lassen. Bald vielleicht sogar im *home office*? Nur die Toten, die sind echt.

Das ist das Problem mit den Drohnen: Sie zerstören auf Dauer die Moral der Nationen, die sie nachhaltiger nutzen, als der Krieg unter Einsatz des eigenen Lebens es vermag. Andauernd werden unbeteiligte, unschuldige Menschen durch amerikanische Drohnenangriffe getötet. Aber es kümmert uns nicht. Wir haben uns eine westliche Sondermoral zugelegt: Wir dürfen alles.

Es sind Technologie und Ökonomie der Drohnen, die dafür sorgen, dass der Krieg nie enden muss. Drohneneinsätze sind billig. Viel billiger als der Einsatz von Soldaten, aber auch billiger als große Raketen oder Marschflugkörper. Drohnen sind die perfekten Waffen für eine Welt im Dauerkrieg. Sie reduzieren die Notwendigkeit, eines Tages zum Frieden zurückzukehren.

Weltkrieg nur selten gegenüber gestanden. Und selbst wenn, macht das die Toten weniger tot? Ist es moralisch »wertvoller«, einen gegnerischen Soldaten mit den eigenen Händen umzubringen? Wie absurd.

Drohnen machen den Krieg in seiner herkömmlichen Form auch nicht leichter führbar. Sie machen den Kampf gegen bestimmte Ziele möglich, wenn nicht Armeen antreten, sondern religiös verblendete Attentäter, wenn es keine Front gibt wie früher und kein Kriegsziel namens »Waffenstillstand« oder »Friedensvertrag«. Dann wird aus klassischem Krieg schleichend eine beiderseits asymmetrisch geführte Auseinandersetzung und schließlich eine Art Polizeiaktion, bemannt oder unbemannt. Drohnen sind in gewisser Weise ein SEK-Zugriff, nur viel tödlicher.

Wer zum Beispiel Osama bin Laden nicht getötet, sondern um jeden Preis vor Gericht gestellt sehen wollte, der hat damit implizit auch etwas Grundsätzliches gegen das Töten durch Drohnen einzuwenden, in Ordnung. Allerdings ist der Al-Qaida-Chef von einem US-Soldaten aus nächster Nähe erschossen worden. Das zeigt: Es ist unser westliches Verständnis von Polizeiarbeit, das der Abneigung gegen Drohnen in Wahrheit zugrunde liegt: Ein Polizist darf auch im Einsatz nur im äußersten Notfall, was das Alltagsgeschäft von Soldaten und Kriegsmaschinen viel eher ist – Töten.

Die

Wie böse ist der Islam?

B Nicht alle Muslime sind Terroristen, aber in letzter Zeit sind ziemlich viele Terroristen Muslime – das darf man sagen, oder?

A Ich dachte, wir reden über den Islam.

B Wir reden über die Frage, ob der Islam in seinem heutigen Zustand Gewalt und Terror aus sich selbst heraus produziert. Hat der Terror also genuin etwas mit der Religion zu tun? Oder wird er »nur« von Extremisten gekidnappt wie ein Flugzeug?

A Das ist eine der am häufigsten gestellten Fragen. Vordergründig geht es da um den Islam. Dahinter verbirgt sich aber ein tiefes Misstrauen gegenüber der Religion als solcher. Es ist bei uns schick geworden, Religionen im Allgemeinen für rückständig und den Islam im Besonderen für gefährlich zu halten. Das verkennt die spirituelle Bedeutung aller Religionen ebenso wie den kulturellen Reichtum des Islam. Nein, der Islam als solcher ist nicht böse. Und was den Terror betrifft: Weder der norwegische Massenmörder Anders Breivik noch die deutschen Rechtsterroristen vom NSU hatten einen muslimischen Hintergrund. Überhaupt ist die Vorstellung, dass der muslimisch geprägte Terror eine große Bedrohung für die Menschen in Deutschland oder in Europa darstellt, abwegig. Die Zahl der Opfer terroristischer Anschläge war in Europa in den 70er, 80er Jahren sehr viel höher als heute. Die mediale Fixierung auf das Thema vermittelt zwar einen anderen Eindruck,

aber in Wahrheit haben wir in Europa kein Terror-
problem – zum Glück. Nebenbei: Sie wissen, dass
die meisten Opfer des islamistischen Terrors selber
Muslime sind.

B Wenn überwiegend Muslime die Opfer sind, ist es
nicht so schlimm, oder wie? Tatsache ist, dass mehrere
Gruppen im Namen des Islam Kriege gegen den Westen führen. Das ist für mich eine andere Qualität als
NSU oder RAF oder IRA: Es trifft die Opfer wahllos,
ganz egal wen, Hauptsache viele und immer im Namen
Allahs, der den Feldzug gegen alles Ungläubige befohlen habe. Diese radikale Ideologie ist inzwischen so
umfassend ausformuliert, dass der IS quasi staatliche
Strukturen daraus ableiten kann. Es hat doch keinen
Sinn, das alles wegdefinieren zu wollen, nur damit sich
die Frage nach dem Zusammenhang mit der Religion
des Islam nicht mehr stellt.

A Ja, im Namen des Islam. Aber hier geht es um Politik
und nicht um Religion. Das ist auch gut so. Denn von
Religion verstehen wir beide nicht so viel, nehme ich
an. Oder kennen Sie den Stand innerislamischer reli-
gionswissenschaftlicher Debatten? Ich sehe nur, welches Zerrbild sich der Westen von der zweitgrößten
Weltreligion macht, die 1,6 Milliarden Gläubige zwischen Marokko und Indonesien umfasst. Der Westen
hat sich seinen Orient immer schon erfunden, wie er
ihn gerade brauchte. Daran hat sich nichts geändert.
Die Soziologin Necla Kelek hat lange vor Jan Böhmer-
manns Ziegenficker-Gedicht im ZDF gesagt, der Islam
lehre Sex mit Tieren: »Die Menschen haben nicht die
Fähigkeit, ihre Sexualität zu kontrollieren, und beson-

ders der Mann nicht. Der ist ständig (…) herausgefordert und muss auch der Sexualität nachgehen (…) – und wenn er keine Frau findet, dann eben ein Tier …« Das ist die Art von kultur-rassistischem Unsinn, der sich bei uns wieder ausbreitet. Und nach der Silvesternacht von Köln, in der es zu sexuellen Übergriffen und Diebstählen durch Migranten gekommen war, waren die Zeitungen voll von den »tausend Nordafrikanern«, die dort ihr Unwesen getrieben haben sollen. Tausend, das war eine Märchenzahl. So wie die drei goldenen Haare des Teufels. Oder die sieben Zwerge. Oder die dreizehnte Fee. Tausend Tunesier, die »unsere« Frauen anfallen – das passte gut in den Kram. Der Fremde und seine bedrohliche Sexualität – das ist das älteste Vorurteil des Rassismus. Und gerade der Orient war seit jeher der Ort für eigene sexuelle Projektionen. Schleier und Tänze, Harem und Badehaus – und natürlich die Vielehe –, das alles versprach eine andere Sexualität, freier, mit weniger Schuld. Aber der triebhafte Araber ist ebenso eine Erfindung des Westens wie der schamlos-lüsterne Jude, den die Nazis sich herbeifantasiert haben.

B Sie weichen aus, es geht nicht um Rassismus oder feuchte Fantasien, die sich dahinter verbergen mögen. Es geht ganz allein um jenen Islam, der beides vermengt: die Politik und die Religion. In rund 60 Staaten auf der Welt herrscht der Islam als mehr oder minder aggressive Staatsreligion. Im Nahen Osten hat der Islam sein Verhältnis zu Politik und Gesellschaft in keiner Weise geklärt. Zugleich dienen die verschiedenen Auslegungen dieser Religion als Brandbeschleuniger einer

215

klassischen Auseinandersetzung um die regionale und religiöse Vormacht. All dem wohnen die Gelehrten des Islam fast hilflos bei. In einem Interview mit einer deutschen Zeitung hat einer von ihnen sehr klug erklärt, dass es durchaus einen Islam der Mäßigung und Barmherzigkeit gibt, »Wasatiyya« genannt. Als er gefragt wurde, warum sich diese Lesart im innerislamischen Diskurs nicht durchsetze, hat er geantwortet: »Uns fehlen die Mittel.« Was wir erleben, hat also mit dem Zustand dieser Religion zu tun, mit ihrer Verfasstheit. Die gegenwärtige Schwäche der Gemäßigten korrespondiert mit dem Vormarsch der Radikalen, die ihre Version mit missionarischem Allmachtsanspruch vertreten, mit Feuer und Schwert hätte man früher gesagt.

A Missionarisch? Das Christentum kennt ein echtes Missionsgebot: Matthäus 28, 19: »Mir ist gegeben alle Gewalt im Himmel und auf Erden. Darum gehet hin und machet zu Jüngern alle Völker, indem ihr sie taufet im Namen des Vaters, des Sohnes und des Heiligen Geistes, und lehret sie halten alles, was ich euch befohlen habe.« Das Judentum missioniert gar nicht, und der Islam hat die beiden Schriftreligionen Juden- und Christentum in seinem Gebiet immer respektiert. Der jüdischen Kultur ist es unter muslimischer Herrschaft nicht schlecht ergangen, und die orthodoxen Völker haben im Osmanischen Reich immerhin ihre kulturelle Identität bewahren können.

B Niemand bestreitet historische Kulturleistungen im islamischen Raum – es ist nur ziemlich lange her. Welcher Beitrag zur Weltkultur wurde in den letzten 50 Jahren im Namen des Islam geleistet? Das könnte man schon fragen, und trotzdem: Darum geht es nicht. Weder die Bibel noch der Koran an sich sind das Problem, das sind Bücher. Es kommt darauf an, was man daraus macht. In Europa wurden Glaube und Bibel von der politischen Macht und dem weltlichen Leben der Menschen getrennt. Das fehlt im Islam, die Reformation und die Aufklärung. Dabei bin ich sicher, dass sich auch der Islam mit seinen weltlichen Gesellschaften entwickeln kann, warum denn nicht? Aber wo tut er es gegenwärtig? Mir scheint, die im Islam angelegte Toleranz ist derzeit klar in der Defensive.

A Sie verengen Ihren Blick so stark, dass Ihnen die Wirklichkeit entgeht. Es geht doch nicht um die Trennung von Religion und Staat – die haben wir bekanntlich nicht einmal in Deutschland. In den USA wird auch in der Politik andauernd Bezug auf den lieben Gott genommen. Und unser Verbündeter Israel ist wahrhaftig kein weltlicher Staat. Was den Islam angeht – das größte islamische Land ist Indonesien, der fundamentalistische Terror ist dort kein nennenswertes Problem. Wenn der Westen über den Islam klagt, meint er den Wahabismus, das Salafistentum, das Saudi-Arabien beherrscht. Das ist eine orthodoxe Unterströmung, die in der Tat mit unserer Gegenwart nicht in Einklang zu bringen ist – wenn diese Gläubigen sich in Frieden ihrer Frömmigkeit hingeben würden, wäre das auch kein Problem. Aber dieser Fundamentalismus hat sich mit einem Faschismus vermischt. Es pflegt eben jeder seinen Narzissmus der Angst, wie er kann. Der islamistische Salafist geht zum Hassprediger. Der deut-

Es pflegt eben jeder seinen Narzissmus der Angst, wie er kann.

sche Islamophobiker liest die Welt oder den sogenannten Autoren-Blog Achse des Guten. »Lauter Sachen, die nichts mit dem Islam zu tun haben« heißt, eine Rubrik, unter der von Vergewaltigungen bis zu Steinigungen allerhand Schauergeschichten aus dem Morgenland gesammelt werden. Wenn ich mir nur Deutschland angucke, dann halte ich die Islamophobie für ein größeres Problem als den Islamismus. Mit Blick auf die islamische Welt kann ich nur hoffen, dass es sich um ein politisches und sozialpsychologisches Problem handelt, denn dann können wir damit umgehen. Wenn es wirklich ein kulturell-religiöses Phänomen wäre, was sollten wir dann damit anfangen?

B Sie weichen schon wieder aus. Mir geht es um den Zustand des Islam, und Sie relativieren mit dem Verweis auf »Islamophobie« in einem Deutschland, das 2016 den ersten islamistischen Selbstmordanschlag erlebt hat. Wenn wir so weitermachen, kriegen wir das Problem nie treffend benannt. Sozialpsychologisch, kulturellreligiös, wie Sie sich ausdrücken, das sind hilflose Worte. Uns fehlt offenkundig die Begrifflichkeit und das Analysebesteck, weil unsere Säkularisierung und Aufklärung schon mehrere Hundert Jahre zurückliegen. Wir machen Witze über die soundsoviel Jungfrauen, die angeblich auf Märtyrer im Paradies warten. Wir können das nicht ernst nehmen. Aber was, wenn wir es müssen, weil es die Attentäter so todernst nehmen und weil nicht zuletzt sie es sind, die Flüchtlingsströme aus dem Nahen Osten gen Europa treiben? Das Problem tritt gleichsam aus dem Islam hervor, und die Frage lautet: Wer kann daran etwas ändern und wie? Navid Kermani hat in seiner Friedenspreisrede gesagt: »Es gibt keine islamische Kultur mehr, jedenfalls keine von Rang. Was uns um die Ohren und auf die Köpfe fliegt, sind die Trümmer einer gewaltigen geistigen Implosion.«

A Ich weigere mich zu glauben, dass der Terrorismus die Folge einer kulturell-religiösen Implosion des Islam ist. Der einzige kulturelle Aspekt am Terrorismus ist vielleicht sein Charakter als Ablasshandel scheinfrommer saudischer Wahabiten: Ungarische Prostituierte und italienische Sportwagen werden importiert, wahabitische Gewaltideologie exportiert. Die eigentlichen Wurzeln des Terrorismus sind aber politisch-ökonomischer Natur. Vor allem der vollkommen berechtigte Zorn von Millionen junger Menschen im Nahen Osten und in Nordafrika über ihre korrupten und unfähigen Regime, die viel zu häufig vom Westen alimentiert und gestützt werden. Sehen Sie sich doch Ägypten an: Der gegenwärtige Machthaber Sisi ist ein Folterknecht, aber der Westen lässt ihn gewähren, weil er gegen die Islamisten kämpft. Walter Benjamins Gedanke, dass jeder Faschismus eine verhinderte Revolution darstellt, lässt sich nirgends so gut beobachten wie in der arabischen Welt.

B Sisi ist ein Autokrat, aber kein Faschist, und bestimmt nicht schlimmer als Erdogan, der autoritäre Präsident der Türkei. Bezeichnenderweise ist Sisi aber wohl der einzige Staatsführer in der Region, der öffentlich Reformen vom Islam gefordert hat. Das scheint mir relevanter als die Frage nach den Arbeitsplätzen. Natürlich sitzen die Staaten im nordafrikanischen und arabischen Raum auf einer demographischen Zeitbombe von Abermillionen Jungen, die Jobs und eine Zukunft wollen. Aber wenn der radikale, pervertierte Islam überwiegend sozio-ökonomische Wurzeln hätte, dann müsste das reiche Saudi-Arabien außen vor sein. Ist es aber nicht. Wichtiger darum: Neben dem Kampf um die regionale Vormachtstellung zwischen Iran, Saudi-Arabien und der Türkei greift ein handfester Religions-Bruderkrieg zwischen Sunniten und Schiiten um sich. Womöglich läuft gerade der Dreißigjährige Krieg des Islam, und wir haben es noch gar nicht gemerkt.

A Die Frage ist doch: Was bedeutet das für uns? Wir können die Probleme dieser Menschen nicht für sie lösen – aber wir können aufhören, ihnen Knüppel zwischen die Beine zu werfen. Warum exportieren wir immer noch Waffen in den Nahen Osten? Warum verzerren wir durch unsere Agrarsubventionen immer noch den Weltmarkt für Lebensmittel? Warum lernen wir nicht aus den desaströsen Erfahrungen vergangener Militärmissionen und hören endlich auf, die Länder des Nahen Ostens durch unsere bewaffneten Interventionen noch weiter zu destabilisieren. Und was Europa angeht, sowohl die Bekämpfung des Terrorismus als auch den Umgang mit dem Islam, das sind Fragen der Integrationspolitik, der Polizeiarbeit, der Bildung, des Arbeitsmarktes, meinetwegen auch der Geheimdienste – mit einem Wort: Da geht es um ganz normale Politik. Und im Unterschied zu den *failed states* in Afrika und im Nahen Osten beherrschen wir diese normale Politik ganz gut.

B Das wird nicht reichen: Kein Kontinent, Europa schon gar nicht, kann sich die Probleme seiner Nachbarregionen durch Heraushalten vom Leib halten. In diesem Punkt lag George W. Bush einfach richtig: Wenn es gelänge, die arabische Region notfalls auch von außen zu demokratisieren, dann würden alle Regionalkonflikte befriedet, weil Demokratien keine Angriffskriege gegen Demokratien führen. Und die nötige Aufklärung der Religion Islam käme auf diesem Weg auch voran.

A Um Gottes Willen. Die Visionen der NeoCons vom *nation-building*, waren das letzte Aufbäumen westlicher Omnipotenz-Fantasien – aber es war schon zu spät. Die Welt ist nicht unsere Auster, wie es in den *Lustigen Weibern von Windsor* heißt. Wir können uns nicht nehmen, was wir wollen, und teilen und herrschen, wie es uns gefällt. Wie kann ein Land, das nicht mal gescheite Autos bauen kann, auf die Idee kommen, die ganze Welt nach dem eigenen Antlitz zu konstruieren?

B Sagen wir so: Mit Amerikahass lässt sich das Problem auch nicht lösen. Der Einmarsch der Amerikaner in den Irak wurde mit einem Betrug begründet, aber das *grand design* dahinter war im Prinzip richtig. Natürlich wird niemand einen zweiten Versuch unternehmen, nicht die USA und Europa schon gar nicht. Die Lösung des inneren Konflikts des Islam muss also aus der Region kommen oder aus der Religion. Aber, quod erat demonstrandum, die gegenwärtige Verfasstheit dieser Religion ist dafür ungeeignet. Ein Fatwa im Islam kann jeder Hinterhof-Prediger aussprechen, aber es fehlt eine Autorität, die radikale Gruppen wie den IS ausgrenzen und wirksam stigmatisieren kann. Das räumen die Islamverbände in Deutschland doch selber ein,

Dem Islam fehlt eine Autorität, die radikale Gruppen ächten kann.

ebenso die gemäßigten Gelehrten etwa in Ägypten. Sie bitten Europa um Hilfe.

A Sie sitzen der Propaganda der Terroristen auf. Die haben mit der Religion doch nichts im Sinn. Und der IS kümmert sich doch nicht um religiöse Autoritäten. Das sind verbrecherische Banden, anomische Gesellschaften, für die geht es um Landnahme, Raub, Vergewaltigung. Der französische Raubritter Fulko Nerra hätte sich seinerzeit auch nicht durch den Papst stoppen lassen.

B Das ist es: Dem Islam fehlt ein Papst.

Müssen wir öfter in den Krieg ziehen?

A Wir sind beide keine Pazifisten, nehme ich an. Das bedeutet, wir beide lehnen militärische Gewalt nicht immer und grundsätzlich ab. Richtig?

B Jawohl, Herr Obergefreiter.

A Stehen Sie bequem! Ich kann mir zwei Situationen vorstellen, in denen die Bundeswehr sinnvoll kämpfen sollte: Erstens zur unmittelbaren Landesverteidigung, also wenn Dänemark uns angreift oder Luxemburg. Oder wenn die Kriterien der Powell-Doktrin erfüllt sind. Sie erinnern sich: Das war der US-Militärpolitiker und spätere Außenminister, der von der CIA beim Golfkrieg so vorgeführt wurde. Jedenfalls war das ein kluger Mann, der einen Katalog von Kriterien aufgestellt hat, wann die USA in den Krieg ziehen sollten. Und zwar, wenn die nationale Sicherheit in konkreter Gefahr ist. Wenn eine ausreichende Basis an Unterstützung durch die Öffentlichkeit vorhanden ist. Wenn man den Krieg mit überwältigender Übermacht führen kann. Und wenn es eine vernünftige Exit-Strategie gibt.

B Die Powell-Doktrin würde gewiss jedermann unterschreiben, allein: Sie hat schon früher nicht alle Situationen abgedeckt und tut es heute noch viel weniger. Die Entscheidung über Krieg und Frieden ist keine Checkliste, die man abhakt wie die des Bodenpersonals vor einem Lufthansaflug. Sie ist auch kein Multiple-choice-Test, den man besteht, wenn man einen gewissen Prozentsatz von Kästchen richtig angekreuzt hat. Parlamente und Regierungen sollten mit kühlem Kopf entscheiden, wenn sie Soldaten in den Einsatz schicken. Aber mit auf die Waagschale gehören Moral und Prinzipien.

A Ihnen passt es nicht, dass diese Doktrin den Krieg tatsächlich zum letzten Mittel werden lässt. Kriegsbefürworter wie Sie tun zwar immer so, als handele es sich um das letzte Mittel – in Wahrheit wollen Sie die Schwelle zum Militäreinsatz so weit senken, dass daraus ein übliches Mittel der Politik wird – und nicht mehr der absolute Ausnahmefall. Das halte ich für einen Skandal …

B Nicht die Parlamente oder die Scharfmacher senken die Schwelle zum Militäreinsatz. Die Umstände tun es. Wollen wir zur Kenntnis nehmen, dass sich in unserer Umgebung größere Regionen als früher in dauerhaftem Ausnahmezustand befinden? Wollen wir zur Kenntnis nehmen, dass existenzielle Probleme physisch und politisch näher denn je an Europa und Deutschland gerückt sind? Machen wir uns doch nichts vor: Es gibt immer mehr neue Arten von Konflikten, die immer weniger gegeneinander abgrenzbar sind. Militäreinsätze werden immer seltener von den USA begonnen, sondern von Allianzen, aus denen sich Deutschland nicht so leicht heraushalten kann. Kurzum: Wir werden in der Zukunft öfter in den Krieg ziehen als in der Vergangenheit.

A Verstehe, es ist der Gruppendruck? Das ist der helle Wahnsinn! Wir sind doch nicht auf dem Schulhof. Was Sie da reden, führt uns ins Zeitalter der Kabinettskriege zurück – also in eine Zeit, als man den totalen Krieg noch nicht erfunden hatte, sondern der Dauerkrieg an der Tagesordnung war. Das haben die Herrscher damals unter sich und mit ihren Berufsheeren ausgemacht, die Bevölkerung wurde nicht gefragt, die Länder wurden nicht vollkommen verwüstet, sondern immer nur ein bisschen. Damals hatte der Krieg kein richtiges Ziel – er musste nur führbar bleiben. Die USA handeln längst wieder so. Wenn der Krieg zum Selbstzweck wird, kann er aber nicht mehr gerecht sein. Und Sie haben ja offenbar implizit eine Theorie des Gerechten Krieges. Sie sonderbarer Dr. Seltsam.

B Wer spricht denn von Selbstzweck. Alles, was ich sage, ist: Wenn Kriege als ultima ratio möglich sein sollen, muss man dazu stehen. Dann macht es keinen Sinn, den Krieg gleichsam über den Beipackzettel, die Caveats, zu verunmöglichen. Wer einen radikalen Pazifismus bejaht, hat Respekt verdient, auch wenn die Position weltfremd ist. Aber Radikal-Pazifismus, der durch die Hintertür kommt, das ist verlogen. Natürlich ist es in jeder Lebenslage besser, vorher einen Plan zu haben, der hinterher garantiert aufgeht. Aber was ist mit all jenen Konflikten, die sich einer solchen Planung entziehen? Sollen die tabu sein für militärische Einsätze? Ich komme Ihnen nicht mit Hitler und dem Zweiten Weltkrieg, den man 1935 mit einem Militäreinsatz im Rheinland vermutlich hätte abwenden können. Aber die USA und die Europäer hätten es 2012 mit einer militärisch erzwungenen Flugverbotszone über Syrien versuchen müssen. Ohne Erfolgsgarantie, ohne klaren Plan, was der nächste Schritt dann hätte sein können oder müssen. Aber Herr Assad hätte unter einer Flugverbotszone deutlich weniger Raketen in Vororte schießen und deutlich weniger Fassbomben auf Kinderspielplätze werfen können. Es wäre den Versuch wert gewesen. Und, ja, das wäre ein gerechter Krieg – oder besser: ein gerechter Einsatz – gewesen. Denn natürlich gibt es die, es gab sie schon immer.

A Was Hitler angeht – Sie meinen, ein kleiner Blick in die Zukunft hätte genügt, den Zweiten Weltkrieg zu verhindern? Ich fürchte, selbst das ist falsch. Sie unterschätzen die Zerstörungsbereitschaft der deutschen Eliten jener Zeit. Und was Syrien angeht – da überschätzen Sie die Einsatzbereitschaft des Westens. Wenn sich der Westen rechtzeitig mit entsprechendem Einsatz in Syrien engagiert hätte, dann sähe die Lage jetzt anders aus. Das wollten wir aber nicht. Und zwar aus gutem Grund: Die Kosten wären zu hoch gewesen, an Menschenleben und an Material. Genau aus dem Grund hätten wir uns aus diesem Konflikt heraushalten müssen. Entweder ganz – oder gar nicht. Powell-Doktrin. Stattdessen haben wir eine Seite, soweit man bei den Rebellen überhaupt von einer Seite sprechen kann, halbgar unterstützt und dadurch dazu beigetragen, dass dieser Konflikt ungelöst seit Jahren vor sich hinschwelt. Assads Gegner wurden nie soweit unterstützt, dass sie wirklich hätten gewinnen können, aber gerade soweit, dass sie auch nicht unterliegen konnten. Die Toten dieses Krieges und die Flüchtlinge, die an unsere Grenzen

> Die Toten dieses Krieges und die Flüchtlinge, die an unsere Grenzen schwemmen, gehen auch auf unser Konto.

schwemmen, gehen auch auf unser Konto. Einen Krieg soll man nur führen, wenn man ihn gewinnen kann und gewinnen will.

B Die Toten und die Flüchtlinge haben jene Bedenkenträger auf dem Gewissen, die nicht einmal die Flugverbotszone durchsetzen wollten, weil sie weitere Verwicklungen fürchteten. Einer von ihnen sitzt übrigens im Weißen Haus, heißt Barack Obama und hat den Einsatz von Giftgas damals die »rote Linie« genannt. Aber er hat die Hände im Schoß behalten, als Assad sie überschritt und anfing, sein Volk zu vergasen. Noch einmal: Das Wesen der Kriege hat sich geändert. Wir leben nicht mehr in der binären Welt von atomarer Abschreckung, Rationalität und Block-Konfrontation. Wir leben in einer Welt der asymmetrischen Kriege, der hybriden Kriege aus Religions- und Regionsrivalitäten, die zeitweilig auch als Stellvertreterrriege der gewesenen Supermacht Russland geführt werden. Dieses Kuddelmuddel lässt sich nicht mit dem Besteck der 8oer Jahre tranchieren. Um mit der jedweder Kriegstreiberei unverdächtigen Kanzlerin zu sprechen: »Wir fahren auf Sicht.«

A Aber merken Sie nicht, dass Sie mit ganz vernünftiger Miene der Unvernunft das Wort reden. Nehmen wir ein Beispiel: Stellen Sie sich vor, Sie wollen mit Ihrer Familie zu einer Wanderung aufbrechen. Da überlegen Sie doch vorher, wohin wollen wir, haben wir genug Zeit, ist Proviant dabei, und schaffe ich es, die Kinder bis zum Abend bei Laune zu halten, damit alle heil wieder zurück kommen? So würden Sie das doch machen, oder?

Aber in einen Krieg wollen sie mit Turnschuhen an den Füßen und einem Butterbrot in der Hand ziehen?

B Das Bild ist hübsch, aber falsch. Man zieht nicht aus Spaß oder zur volks-familiären Körperertüchtigung in den Krieg. Gewöhnen wir uns an diesen Gedanken: Eine Welt in Unordnung braucht Ordnung, vielleicht auch wieder Ordnungskriege, so sie ein überzeugendes Ziel haben.

A Man sieht ja, wohin das führt: Die Amerikaner haben es im zweiten Golfkrieg, in Afghanistan und in Libyen genau so gemacht, mit schrecklichen Folgen. Und wir müssen durchaus nicht mitmachen – wir waren im Irak und in Libyen nicht dabei und hatten in beiden Fällen recht mit dieser Entscheidung. Denn in beiden Fällen ist die Lage nachher um etliches schlimmer, als sie es vorher war. Und es gibt eine Reihe sehr westlicher und zuverlässiger Nationen, die nach einer gewissen Zeit in diesen Kriegen gesagt haben: Es reicht, wir hören jetzt auf. So war es mit den Niederländern in Afghanistan und mit den Kanadiern in Syrien. Obama selbst hat in einer seiner zahllosen Abschiedsreden gesagt, er habe es mit Intervention versucht, mit teilweisem Engagement und mit vollständiger Abstinenz – geholfen hat alles nichts. Dieser kurze Satz ist die finale Abrechnung mit westlicher Weltpolitik.

B Nein, er ist die Abrechnung mit den Fährnissen und Fehlern seiner Amtszeit. Nehmen Sie nur Libyen als Beispiel: Die Intervention ist gescheitert, weil sie halbherzig war. Am Tag, als Gaddafi weggebombt war, haben die westlichen Alliierten gesagt: »Danke, das war's, mehr können wir nicht tun. Viel Glück mit der Freiheit.

Und, ach ja, vergesst nicht, ganz rasch Demokraten zu werden.« Das war nicht zu viel, das war zu wenig Krieg. Ein Militäreinsatz hätte das Land über Monate und Jahre stabilisieren müssen. Jetzt kontrolliert der Islamische Staat weite Teile der Küste – und die NATO erwägt den nächsten Einsatz.

A Auch hier gilt: Der Westen war nun einmal nicht bereit, das Notwendige zu tun. Nehmen Sie doch die Realität wahr. Als Soldat würde ich sagen: Gebt uns erreichbare Ziele und die notwendigen Mittel. Aber überlegt es euch vorher, bevor ihr uns in den Krieg schickt. Wie im ersten Teil von *Rambo*. Manchmal denke ich, Politiker sollten mehr Filme gucken.

B Hasta la vista, baby?

A In Ordnung, ich probiere es anders: Wenn Sie für den Krieg als nicht nur letztes Mittel der Politik sind – woran messen Sie denn den Erfolg dieses Mittels?

B Das kommt, noch einmal, auf den Einzelfall an, denn die Zeit der Doktrinen ist lange schon vorbei. Ein im Einzelfall erreichbares Ziel kann sein, eine menschliche Katastrophe zu verhindern wie das Massaker Gaddafis an den Aufständischen des arabischen Frühlings in Libyen. Das ist immerhin geglückt. Das Ziel kann Ordnung im eigenen Hinterhof sein wie bei der Eindämmung Serbiens. Sie ist erfolgreich in die Befriedung des ganzen Westbalkans gemündet. Oder es kann der – zugegeben – verwegene Versuch sein, eine ganze Region zur Demokratie zu führen. Vor Beginn auch der umstrittensten Militäreinsätze gab es Pläne und Konzepte. Aber sie sind nicht jedes Mal aufgegangen.

A Ich habe damit zwei Probleme. Das erste habe ich bereits erläutert: Sie senken die Schwelle für militärische Einsätze so weit herab, dass Beteiligungen wie jene der Bundeswehr in Syrien möglich werden. Die dienen aber erkennbar gar keinem anderen Zweck, als Bündnistreue zu demonstrieren. Und zweitens pfeifen Sie damit auf den Anspruch, dass auch die internationale Sphäre von Regeln beherrscht werden sollte: Wenn Frankreich, Italien und England der Ansicht sind, man solle in Libyen eingreifen, dann machen sie das eben. Sie erklären den internationalen Raum zum rechtlichen Niemandsland, in dem am Ende nur das Recht des Stärkeren gilt. Das ist ein zivilisatorischer Rückschritt.

B Es geht nicht um das Recht des Stärkeren. Aber der UN-Sicherheitsrat wird missbraucht, wenn einzelne Mitglieder Mandate blockieren, die der UN-Charta offenkundig entsprechen würden. Ende der 90er Jahre ging es um das Leiden im Kosovo. Der UN-Sicherheitsrat wurde blockiert von der Vetomacht Russland, die den Aggressor, Slobodan Milošević, schützen wollte. Am Ende griffen NATO-Staaten und Deutschland ohne Mandat ein, weil sie der Pervertierung des UN-Gedankens nicht länger beiwohnen wollten. Und heute entstehen die Konflikte auf der Welt zu schnell, zu rabiat und zu kompliziert, als dass man immer und jedes Mal auf Einstimmigkeit im UN-Sicherheitsrat warten könnte. Was nun also? Hände in den Schoß legen, gottergeben auf die Geschäftsordnung des Sicherheitsrates verweisen – und auf das nächste Massaker warten, die nächste Fassbombe, die nächste Flüchtlingswelle?

A Dieses Gespräch ist paradox: Sie sind aus moralischen Gründen für den Krieg, ich bin aus vernünftigen Gründen dagegen. Mir wäre es ja recht, wenn die Erfahrungen nicht so schlecht wären, die die Welt mit Ihrer Strategie gemacht hat. Aber es ist eben so: Der Krieg lehrt die Menschen nichts. Also, was soll ich sagen: Weitermachen, Herr Obergefreiter.

Als Willy Brandt sich 1973 einer Operation unterzog, unterhielten sich Richard Nixon und Henry Kissinger über ihn:

> Kissinger: »Leider wird er uns erhalten bleiben, ja.«
> Nixon: »Er ist ein Trottel.«
> Kissinger: »Er ist ein Trottel.«
> Nixon: »Er ist ein Trottel …«
> Kissinger: »Und er ist gefährlich.«
> Nixon: »Tja, leider ist er gefährlich.«

So wurde in Washington über den Kanzler der Ostpolitik gesprochen. Würde ein deutscher Kanzler heute den Versuch unternehmen, auf Russland zuzugehen – es würde auch über ihn so gesprochen, oder über sie. Aber bei Angela Merkel mussten sich die Amerikaner keine Sorgen machen. Nach dem Anschluss der Krim schleuderte sie dem russischen Präsidenten entgegen, die EU werde nicht zurückweichen: »So war es ja 40 Jahre lang, und da wollte ich eigentlich nicht wieder hin zurück.«

Die Geschichte der wechselseitigen Enttäuschungen zwischen Russland und dem Westen reicht weit zurück. Die größte Selbsttäuschung des Westens war es, nach dem Fall der Mauer zu glauben, dass die Russen so werden wollen wie wir. Putin will kein Partner des Westens sein. Er baut an seinem eurasischen Großreich. Das

Gewinnt Putin?

Blome

Privileg und Versuchung wahrer Supermächte ist es, nach eigenen Regeln spielen zu können – und zu wollen. So gesehen sind die USA und China Supermächte, denn sie beide können und sie wollen. Europa ist so etwas wie eine halbe Supermacht, die wohl gerne wollte, aber nur selten auch kann. Russland hingegen ist gar nichts.

Russland hat Atomwaffen, aber wozu? Es hat Gas und Öl, aber wie lange noch und was sind sie wert? Russland hat die Institutionen einer Demokratie, aber sie sind korrupt und willkürlich. Es hat eine Industrie, aber keine Produkte, die sich in der Welt verkaufen, und eine Gesellschaft, in der alles Freie und Lebendige erdrosselt wird. Das sind Tat- und nicht Ansichtssachen, alle zusammen fatale Mängel, nicht respektable Eigenarten. Staaten wie Russland pflegen ihren Opfermythos, sie nennen sich »eingekreist« und »bedroht«. Früher oder später scheitern sie an sich selbst.

Schlimm genug.

Russlands Präsident sieht dank der kosmetischen Chirurgie deutlich jünger aus, als er ist. Was aber auch dieser Präsident nicht kann, ist die Uhr anzuhalten. Sein größter Fehler besteht darin, trotzdem den Versuch zu unternehmen – und daran hat der Westen nun wirklich keine Schuld. Der Präsident hat zum Beispiel in Georgien oder in der Ukraine Teile des fremden Staatsgebietes besetzen lassen und dann die Konflikte »eingefroren«, wie

A gegenseitige Misstrauen ist grenzenlos. Mit guten Gründen auf beiden Seiten. In der Ukraine brach der Interessenkonflikt auf. »Ukraine«, das bedeutet Grenze.

Der amerikanische Geostratege Zbigniew Brzeziński hat im Jahr 1998 geschrieben, die Ukraine mache den Unterschied, ob Russland »im Wesentlichen ein asiatischer imperialer Staat« ist, der sich mit Konflikten in Zentralasien herumschlagen muss – oder ein »mächtiger imperialer Staat, der Europa und Asien umfasst«.

Das internationale Recht spielt da eine untergeordnete Rolle – wie bei den amerikanischen Drohnenangriffen an der Grenze zu Pakistan oder bei der israelischen Besetzung des Westjordanlands oder bei Chinas Grenzziehungen im Südchinesischen Meer.

Im Westen wird häufig die Frage gestellt »Was will Putin?« Wir sollten uns fragen: »Was wollen wir?«

Die Motive der russischen Politik in der Ukraine, auf dem Balkan, in Syrien sind nicht so schwer zu entschlüsseln: Russland will sich einer zunehmend als aggressiv empfunden Ausdehnung des westlichen Wirkungskreises erwehren. Wer so tut, als tappe er hier im Dunklen, stellt sich dumm und betreibt damit Politik.

Tatsächlich kann der Westen aber auf seine gespielte Ahnungslosigkeit nur schlecht verzichten: Sie ist die Bedingung für die Fiktion, wir seien aus grundsätzlich anderem Holz geschnitzt als der Russe. Die gefährlichsten Lügen sind die, die man sich selber erzählt und dann auch noch glaubt.

die Außenpolitiker sagen. Das verschafft ihm Macht über die Zukunft dieser Länder, weil sie sich mit »eingefrorenen Konflikten« weder der EU noch der NATO annähern können. Zugleich soll das die Zeit einfrieren: So wie der Präsident ewig jung sein muss, der Mensch Putin aber altert, so soll sein Land wieder ein machtvolles Reich sein, obwohl Russlands Kräfte schwinden.

Wladimir Putins größter Fehler war zu glauben, Russland könne sich in unserer globalisierten *einen* Welt selbst genügen und müsse notfalls keine einzige Regel beachten, nicht einmal den konstituierenden Grundsatz europäischen Zusammenlebens: die Unverletzlichkeit der Grenzen. »Mir sind die Menschen wichtiger«, hat Putin in einem BILD-Interview dazu gesagt. »Heim ins Reich«, so denkt er. Das ist dunkelste Vergangenheit.

Mag sein, dass Wladimir Putins Russland derzeit hier und da gebraucht wird, um dringend nötige Zwischenlösungen zu erreichen: in Syrien etwa, mit dem Iran, vermutlich auch in der Ukraine. Aber das sind Erfolge aus der *old economy* der dampfbetriebenen Machtpolitik. Wer jedoch in Russland nach etwas sucht, das Staaten in der Mitte des 21. Jahrhunderts groß machen oder groß halten wird, der findet: nichts.

In bald zwölf Jahren Amtszeit hat er dagegen wenig Nennenswertes unternommen. Stattdessen haben er und seine KGB-Satrapen ein ganzes Volk in die Irre geführt, in die Traumwelt eines prunkvollen Zarenreichs außerhalb der globalisierten Welt. Wenn nicht ein Wunder geschieht, wird Russland daran zugrunde gehen, vorausgesetzt freilich, der männliche Teil der Bevölkerung hat sich nicht schon vorher tot gesoffen. Es ist ein Jammer.

Soll die Welt am Westen genesen?

B Natürlich wäre es für alle das Beste, wenn die ganze Welt so »ticken« würde wie wir, wie der Westen, nämlich liberal und rational. Es wäre gut, würde die ganze Welt im Grundsatz nach denselben Maßstäben denken und handeln. Wenn wir ein gemeinsames Verständnis von Nutzen und Schaden hätten, von kurzfristig und langfristig, dann würde das die Verhältnisse berechenbar und damit stabiler machen. Vor gar nicht so langer Zeit hatten die allermeisten Völker und Staaten auf dem Planeten eine solche gemeinsame Minimal-Grundlage oder strebten danach. Da war die Welt besser und sicherer.

A Wann war das denn? Pleistozän? Römisches Imperium? Traumzeit?

B Die westliche Rationalität war so etwas wie das Betriebssystem der internationalen Beziehungen, eine verlässlich codierte Sprache, in der Kommunisten mit Kapitalisten kommunizieren konnten, eine hinduistische Atommacht mit einer moslemischen, die Israelis mit den Ägyptern und der Vietcong erst mit den Franzosen und dann mit den Amis. Die Zwei-plus-Zwei-gleich-Vier-Grundlage dabei ist die Idee, dass Menschen, vor allem aber politische Systeme, wissentlich nichts unternehmen werden, das ihnen auf Dauer mehr schadet als nutzt oder das sie selbst zerstört, bevor die andere Seite zerstört ist. Wenn das alle akzeptieren, strebt der Planet auf eine halbwegs freiheitliche, demokratische Ordnung zu: Nur sie kommt ohne äußere Feinde aus. Nur in ihren Rahmen passen rational agierende, selbstbewusste Bürger. Nur sie ist fähig, die universellen Menschenrechte zu gewährleisten. Wollen Sie im Ernst eine andere Welt?

A Ich bin immer noch nicht sicher, auf welche Epoche Sie da eigentlich anspielen. Vermutlich die goldene Zeit des Ost-West-Konflikts. Das bedeutet, Sie halten die dauernde Bedrohung mit totaler Vernichtung erstens für einen stabilisierenden Faktor in der Weltpolitik und zweitens für ein Wesensmerkmal des Westens.

B Sie wollen mich missverstehen. Es geht um die westliche Ratio, die eine glückliche Phase lang weltweit auf dem Vormarsch war und jetzt, nicht zuletzt im islamischen Raum, auf dem Rückzug ist. Natürlich gab es in dieser westlich inspirierten Welt zum Beispiel die Apartheid, es gab Armut und Ausbeutung und Diktaturen. Aber alles das ließ sich überwinden, mal früher, mal später, mal von außen, mal von innen. Intern oder öffentlich Kosten und Nutzen gegeneinander zu halten, ist in solchen Fällen zehnmal subversiver als eine Autobombe zu zünden oder ein Kaufhaus in Brand zu stecken. Vorausgesetzt: Alle lassen sich mehr oder minder ausgesprochen auf diese rationale Abwägung ein. Der radikale Islam tut das nicht: Einen Selbstmord-Attentäter können Sie nicht abschrecken, womit auch, er setzt ja seinen Glauben absolut. Sie können auch keine Kompromisse mit ihm machen, wenn die Abwägung von Vor- und Nachteil eine Gotteslästerung bedeutet, nämlich die Relativierung des reinen Glaubens.

A Auf gewisse Weise haben Sie mehr recht, als Ihnen lieb sein kann – die westliche Ratio gibt tatsächlich den Maßstab vor. Sogar für den Islamismus. Den verstehen Sie nämlich gründlich falsch. Er hat mit Religion weniger zu tun, als er vorgibt. Der Islamismus ist alles mögliche – soziale Revolution, politisches Phänomen –, eine religiöse Bewegung ist er zuletzt. Der französische Philosoph Alain Badiou hat die Anschläge von Paris im Herbst 2015 ein »pathologisches Symptom« genannt. Die Krankheit, das ist der weltweite Kapitalismus. Man kann den Islamismus als besondere Form des Faschismus betrachten. Und die Grundlage ist der Neid. Selbst in seinem Hass auf den Westen bleibt der islamistische Faschismus einem starken Verlangen nach dem Westen verhaftet. Das ist erschütternd.

Die westliche Rationalität ist ein Regime der Dominanz.

Soviel zum Islamismus. Und nun zur von Ihnen so gelobten westlichen Rationalität: In Wahrheit handelt es sich da um ein Regime der Dominanz. Was Sie für Stabilität halten, war die Friedhofsruhe eines imperialistischen Systems. Und dieses Wort nutze ich mit voller Absicht. Wenn die Welt nur in Ruhe sein kann, wenn der Westen sie beherrscht, dann ist es diese Ruhe nicht wert. Sie unterschlagen außerdem einfach die Konflikte und Kriege, die Terror- und Folterregime, die sich im Schatten dieser Ruhe abgespielt haben ... Die hat der Westen ebenso unterstützt wie der Osten – und zwar, weil der Westen ebenso Machtpolitik betreibt wie der Osten. Er tarnt sie nur besser. Bei uns heißt es »Kampf für die Menschenrechte«.

B Es macht einen Unterschied, mit welchen Motiven Machtpolitik betrieben wird. Es ist nicht dasselbe, ob die EU mit Wirtschaftssanktionen Russland für seine Aggression auf der Krim bestraft, oder ob Russland mit denselben Mitteln ein kleines Land wie Moldawien in die Knie zwingt, das nur seinen Weg in den Westen gehen will. Der Westen hat das attraktivere Modell als Russland oder die islamische Welt anzubieten, heute wie vor 50 Jahren, das gehört zur friedlichen Systemkonkurrenz. Gewinnen kann nur, wer die Menschen im Grunde sein lässt, wie sie sind und wie sie als Träger universeller Rechte beanspruchen dürfen zu sein. Ein System, das auf den Einzelnen und seine Rechte setzt, wird sich auf lange Sicht immer als überlegen herausstellen. Warum? Weil faschistische, kommunistische oder theokratische Systeme nicht pragmatisch sind, sie können es per Definition nicht sein. Sie müssen einen auf Dauer untragbaren Aufwand betreiben, die Menschen kompatibel zu machen und auf Linie zu halten. Das zerbricht eine Zeit lang die Menschen – und dann die Regime.

A Aber lieber Kollege, Sie stecken so tief in Ihrer eigenen Ideologie, dass Sie sie nicht mehr als solche erkennen. Der Westen lässt den Menschen keineswegs so, wie er ist – sondern er muss sich ungeheure Mühe geben, ihn so zu formen, wie er ihn haben will. Sie sind aus Ihrer westlichen Sicht der Meinung, das Individuum müsse im Zentrum der gesellschaftlichen und politischen Aufmerksamkeit stehen. Und Sie halten das für natürlich. Das ist aber bereits Ideologie. Sie können mit ebensolchem Recht der Auffassung sein, das Kollektiv müsse im

Zentrum stehen – nennen wir das mal die Lehre des Ostens – oder aber die Religion, nennen wir das die islamische Weltsicht. Stellen wir uns doch vor, dass das drei mögliche Ordnungsprinzipien sind, die miteinander ringen. Wobei es für unseren westlichen Kapitalismus, den wir demokratisch nennen, ja noch eine zweite Variante gibt: die autoritäre, wie sie in China praktiziert wird. Da sieht man, dass sich Kapitalismus und Demokratie keineswegs bedingen.

B China? Eine Demokratie ist es gewiss nicht, aber echte Marktwirtschaft eben auch nicht. Es ist ein einzigartiges Mischwesen, aber wenn es die Mittelschicht reich und gebildet genug gemacht hat, wird sie in Richtung Freiheit, Partizipation und Mündigkeit streben, wetten? Was Sie ansonsten beschreiben, sind nicht drei Ordnungsprinzipien – Religion, Kollektiv, Individuum –, die nebeneinander stehen, sondern zwei bis drei Etappen des gesellschaftlichen Fortkommens. Schauen Sie sich Deutschland an: Im 17. Jahrhundert hatten wir eine »religiöse Phase«, und am Ende des Dreißigjährigen Kriegs war im Deutschen Reich knapp die Hälfte der Landbevölkerung ausgerottet. Im 20. Jahrhundert kam die »völkische, kollektive Phase«, wie man die Nazizeit vielleicht auch nennen kann. Am Ende waren in ganz Europa je nach Berechnung zwischen 50 und 80 Millionen Menschen tot. Aber nach dem Zweiten Weltkrieg gelang der Schritt in eine höhere Entwicklungsstufe, nämlich in die liberale, weitgehend antiautoritäre Gesellschaft. Warum sollen nicht auch andere Völker, rund um den Globus, ebenfalls diesen Schritt gehen dürfen, wenn sie es aus freien Stücken wollen?

A So sieht eine ungebrochen eurozentristische Weltsicht aus. Der Dreißigjährige Krieg, die Französische Revolution, die beiden Weltkriege, das atomare Patt – das sind die Wegmarken westlicher Entwicklung und Weltsicht. Aber Sie müssen zur Kenntnis nehmen, dass die maßgeblichen Entwicklungen der vergangenen zwei-, dreihundert Jahre für die Mehrheit der menschlichen Bevölkerung andere waren. Die zentrale Entwicklung war das Erwachen Asiens. Der indische Autor Pankaj Mishra hat darüber geschrieben. Und dort ist die Erinnerung daran sehr lebendig, dass der Westen immerzu Dörfer, Städte, Länder erst zerstören muss, um sie zu befreien.

B Niemand bestreitet, dass der Westen weite Teile der Welt ausgebeutet hat, mancherorts über Jahrhunderte. Ich werde nicht christliche Missionare im Busch vor 150 Jahren verteidigen oder irgendeinen Coca-Cola-Imperialismus im Mittleren Osten vor 50 bis 100 Jahren. Mein missionarischer Eifer beschränkt sich darauf, allen Menschen das Recht zuzusprechen, über ihr Schicksal und das System, in dem sie leben wollen, weitgehend selbst zu bestimmen. Ein Beispiel: Manchmal wird das indische Kastenwesen als ein »gemeinsames Haus, aber ohne Treppen« beschrieben. Wenn die Inder, die unteren Kasten zumal, das auf ewig für gut und richtig halten, soll es so bleiben. Wenn aber nicht, dann sollen sie selber entscheiden dürfen, einzeln und als Kollektiv, welches Gesellschaftsmodell auf das Kastenwesen folgen soll. Daran werden die Völker nicht zu hindern sein, denn wir

Niemand bestreitet, dass der Westen weite Teile der Welt ausgebeutet hat, mancherorts über Jahrhunderte.

wissen heute alle viel zu viel voneinander und davon, was andernorts gut läuft oder schlecht.

A Das klingt gut – aber diese freundliche Zurückhaltung ist nicht die Realität westlicher Politik. Im Gegenteil: Der Westen hat nie aufgehört, Kolonialpolitik zu betreiben. Die Argumente waren nur jeweils andere, die Mittel auch – aber das Ziel war immer das gleiche: Weltherrschaft. Wir können andere Völker und Kulturen gar nicht wahrnehmen außerhalb unserer strategischen und wirtschaftlichen Interessen. Das meine ich ganz buchstäblich: Wir sehen sie nicht, wir erkennen sie nicht. Und mir fällt keine Ideologie ein, die je so expansiv war wie die des christlichen Kapitalismus.

B Der frühe globale Kapitalismus, der aus Spanien, den Niederlanden oder Großbritannien, brachte ja gerade nicht die Freiheiten der Heimatländer, wenn es dort überhaupt für breite Schichten welche gab. Die damaligen Konzerne oder besser Handelsgesellschaften nahmen sich die Freiheit, die ihnen von Krone und Kapitalismus gewährt wurde, um andere Völker unfrei zu machen und zwar wirtschaftlich wie gesellschaftlich. Manches, was wir als kollektiv-völkische oder theokratische Gegensysteme sehen, mag sich auf berechtigten Widerstand gegen diesen damaligen Westen zurückführen lassen. Aber deshalb sind diese Gegensysteme doch nicht überlegen. Wenn überhaupt, dann steht doch der liberale Westen für die global verstehbare Verheißung von Freiheit und Wohlstand.

A Sie weichen aus – das müssen Sie geradezu. Wer den Imperialismus des Westens verteidigt, muss immerzu und immer wieder von den bedauerlichen Kollateralschäden sprechen, die leider nicht zu vermeiden waren. Egal ob es sich um die 80 000 toten Hereros handelt, die die Deutschen auf dem Gewissen haben, oder um die zivilen Opfer der amerikanischen Drohnenangriffe. Alles nicht so gemeint ... Aber das ist falsch. Diese Opfer gehören zum westlichen System, ohne sie gäbe es dieses System gar nicht.

B Dann stelle ich die Frage denkbar simpel: Welches System ist für die, die darin leben, das objektiv bessere?

A Objektiv gibt es eben nicht. Sie stellen da die Frage nach dem Ursprung der Identität. Worin besteht mein Wohlergehen? Und: Ist mir mein eigenes Wohlergehen wichtig? Oder meine Zugehörigkeit zu einer größeren Gruppe? Ein Chinese mag in der Abwägung, was ihm wichtiger ist – Stolz auf die Leistungen der chinesischen Nation oder eigene Rechtssicherheit gegenüber dem Staat –, zu dem Ergebnis kommen: Der Stolz ist ihm wichtiger. Aber, um Ihre Frage endlich zu beantworten: Ich bin ganz froh, dass ich im Westen lebe.

B Vor 225 Jahren, in der Französischen Revolution, wurde im Kern all das postuliert, was den Westen so lebenswert, attraktiv und letztlich überlegen macht. Zu dieser Idee gehört untrennbar, dass sie allen Menschen auf dem Planeten das Recht attestiert, sich dieser Idee anschließen zu dürfen.

A Ja. Am 19. November 1792 traf der französische Nationalkonvent eine weitreichende Feststellung: dass die französische Nation in dem Moment, da sie ihre eigene Souveränität erklärte, auch allen anderen Nationen ihre Souveränität zuerkannt hatte. Das ist das, was

Pierre Bourdieu den »Imperialismus des Universellen« nannte. Das ist das Problem. Die Universalität macht den Westen so gefräßig. Er ist nie saturiert und darum unersättlich. Mishra zitiert einen ägyptischen Gelehrten, der 1895 sagte:»Eure liberale Haltung gilt ganz offensichtlich nur euch selbst, und eure Sympathie für uns gleicht der des Wolfes für das Lamm, das er fressen möchte.«

B Bourdieu, Bordeaux, Bordelaise, ganz egal. Ich kann nicht erkennen, dass die Menschen zu Millionen nach Moskau fliehen oder nach Medina oder nach Raqqa zum Islamischen Staat. Salman Rushdie wird immer so zitiert:»Wir müssen uns einig sein, was zählt. Sich öffentlich zu küssen, Speckbrote, Meinungsverschiedenheiten und extravagante Mode.« Das sind wir. Wir können über uns lachen und uns ertragen. Wer an den radikalen Islam glaubt oder an die völkisch-autoritären Kollektivgebilde wie in Russland oder China, der kann das nicht. Deshalb wünsche ich mir, dass der Westen wieder der einzig relevante Maßstab auf dem Globus wird. Es ist dann einfach lustiger, und alle Menschen wollen doch lachen.

Register

249